Fackel
träger

Stephen Leacock

Die Hohenzollern in Amerika

und andere Satiren

Aus dem Englischen von Beate Blatz

Fackel träger

Titel der englischen Originalausgabe:
THE HOHENZOLLERNS IN AMERICA
and Other Impossibilities
London: John Lane, The Bodley Head 1919

CIP-Titelaufnahme der Deutschen Bibliothek

Leacock, Stephen:
Die Hohenzollern in Amerika
und andere Satiren/
Stephen Leacock. –
Hannover: Fackelträger-Verlag, 1989
ISBN 3-7716-1501-1

Umschlaggestaltung: Betina Müller Grafik Design, Berlin
Druck: Hildesheimer Druck- und Verlags-GmbH, Hildesheim
Printed in Germany 1989
ISBN 3-7716-1501-1

Inhalt

Die Hohenzollern in Amerika

Vorwort

Die angemessene Bestrafung für die Hohenzollern und die Habsburger, die Mecklenburger und die Muckendorfs und all diese Püppchen und Prinzchen ist, daß man sie arbeiten lassen sollte. Und das heißt nicht arbeiten im glänzenden, glorreichen Sinne, als Generäle, Stabschefs, Gesetzgeber und Gutsherren, sondern sie sollen als einfache und bescheidene Arbeiter nach einer Stelle suchen; sie sollen Schubkarren schieben, Kellen gebrauchen und Hacken schwingen. Und am Ende des Tages sollen sie froh sein über ein bescheidenes Abendbrot und die Nachtruhe. Kurz, sie sollen arbeiten, wie es Millionen armer Emigranten aus Deutschland über Generationen getan haben. Kein Nimbus verlorener Größe soll sie umgeben. Wäre dies mittels eines Zaubertricks oder durch den Wandel der Verhältnisse zu bewerkstelligen, soll die Welt sie nur als arbeitende Männer kennen, denen die Würde und Göttlichkeit des Königtums entwichen ist. So sollen sie standhalten oder untergehen, leben oder verhungern, so gut sie es durch eigener Hände Arbeit und Geisteskraft vermögen. Wenn dies gelänge, würde die Welt eine bessere Vorstellung davon haben, aus welch dünnem Stoff autokratisches Königtum gewebt ist.

Einer meiner Lieblingsgedanken ist, mir vorzustellen, dies könnte wirklich herbeigeführt werden; und mir dann weiter vorzustellen, wie die Hohenzollern als Emigrantenfamilie nach Amerika aufbrechen, ihre Kisten und Koffer auf dem Rücken, ihr Bündel in der Hand.

Das folgende fragmentarische Tagebuch präsentiert die Details eines solchen Bildes. Es wurde von der (ehemaligen) Prinzessin Friederike von Hohenzollern geschrieben. Jedenfalls stelle ich mir das so vor. Ich kann ihren Namen nicht in den Gothaischen Genealogischen Taschenbüchern finden. Vielleicht existiert sie nicht. Aber aus dem nachfolgenden Text geht hervor, daß sie vermutlich eine der unzähligen Nichten des Deutschen Kaisers ist.

I. KAPITEL

An Bord der SS Amerika. Mittwoch.

Endlich haben wir die Einschiffung hinter uns und sind auf See. Ich bin so froh, daß es vorüber ist. Es war schrecklich, den armen Onkel Wilhelm und Onkel Heinrich und Cousin Willi und Cousin Ferdinand von Bulgarien die Laufplanke heraufkommen zu sehen, wie sie mit ihren Kisten auf dem Rücken ins Zwischendeck gingen. In ihren einfachen Kleidern sehen sie so anders aus. Onkel Wilhelm trägt ein altes blaues Hemd und um den Hals ein rotes Tuch; und seine Haare sehen ganz dünn und zerzaust aus. Seine Schnurrbartenden hängen herunter, sein Gesicht ist unrasiert. Seine Augen sind wässrig und unstet, und sein verkümmerter Arm hängt mitleiderregend an ihm herab. Kann es sein, daß er immer so ausgesehen hat?

Oben auf der Laufplanke hielt er einen Moment inne, seine Kiste immer noch auf dem Rücken, und sagte: »Dies nun ist der Weg nach St. Helena.«

Ich hörte einen Offizier unten auf Deck rufen: »Los, Mann, zügig weitergehen!« Und ein paar junge Flegel zeigten mit dem Finger auf den Onkel und sagten: »He, schaut euch den alten Kerl mit dem roten Tuch an. Der ist ja vielleicht heruntergekommen!«

Auf dem Vordeck des Schiffes, dem Zwischendeck und einzigem Platz, auf dem wir uns aufhalten dürfen, drängten sich die Leute. Alle waren ärmlich, hatten ihre Überseekoffer, Kisten und Papiertaschen um sich herum ausgebreitet. Als sich der Onkel auf seine Kiste setzte, war bald eine beachtliche Menschenmenge um ihn versammelt, so daß ich ihn kaum sehen konnte. Aber ich konnte sie lachen hören. Und ich wußte, daß sie ihn »hochnahmen«, wie sie es nannten, wie sie es schon in den Emigrantenunterkünften an der Küste getan hatten. Ich hörte den Onkel sagen: »Man bringe Wein, mir schwinden die Sinne.« Und irgendjemand sagte: »Ja, man bringe ihn.« Und dann erschallte tosendes Gelächter.

Cousin Willi schlich sich mit seiner Kiste ins Unterdeck davon. Ich fand es gemein von ihm, nicht bei seinem Vater zu bleiben. Bis dahin hatte ich gar nicht bemerkt, wie hinterlistig Cousin Willi aussieht. In seiner Uniform als Kronprinz sah er anders aus. Hier jedoch, in seinen verschlissenen Kleidern, unter diesen rauhen, einfachen Leuten, da erscheint er doch ganz verändert. Er schleicht so böse vornüber geneigt daher, und seine Augen wandern unruhig umher, nie ist sein Blick stetig. Ich habe gesehen, wie ihn einer der Schiffsoffiziere sehr genau und mit strenger Miene beobachtet hat.

Cousin Karl von Österreich und Cousin Ruprecht von Bayern sind nicht hier. Wir dachten, sie würden dieses Schiff nehmen, aber sie sind nicht hier. Wir konnten kaum glauben, daß das Schiff ohne sie losfahren würde.

Es gelang mir, Onkel Wilhelm aus der Menge heraus

und nach unten zu bugsieren. Er war froh, von Deck zu kommen. Er schien Angst zu haben, die See anzusehen. Und als wir in die große Kabine kamen, klammerte er sich an die Lukenabdeckung und sagte: »Schließ sie; hilf mir, sie zu schließen, schließ das Rauschen des Meeres aus.« Und dann saß er für einige Zeit ganz zusammengekauert auf der Koje und murmelte: »Ich will das Meer nicht hören, ich will es nicht hören.« Seine Augen schauten dabei so merkwürdig und so starr, daß ich glaubte, er hätte irgendeinen Anfall oder eine Attacke. Aber Onkel Heinrich, Cousin Willi und Cousin Ferdinand kamen in die Kabine, und es ging ihm wieder besser.

Cousin Ferdinand hat einen merkwürdigen langen Mantel mit aufgerollten Ärmeln ergattert und einen kleinen runden Hut. Jetzt sieht er genau wie ein Jude aus. Er sagt, er hat eine unserer leeren Kisten für den Mantel und den Hut eingetauscht. Nie vorher ist mir Cousin Ferdinands merkwürdig schwere Sprache aufgefallen – und wieviel er mit seinen Händen gestikuliert beim Reden. Ich bin sicher, daß es niemand je bemerkt hat, als ich einen Besuch in Sofia machte. Und er nannte Onkel Wilhelm und Onkel Heinrich »Mister« und sagte, er hätte auf Deck zwei echte Gentlemen (so nannte er sie) getroffen, die in New York im Tuchgeschäft wären. Mit ihnen hatte er auch um den Mantel gehandelt.

Cousin Ferdinand, der sehr gut mit Zahlen umgehen kann, wird all unser Geld verwalten, denn das amerikanische Geld ist für Onkel Wilhelm und Cousin Willi schwer zu verstehen. Wir haben nur wenig Geld, aber Cousin Ferdinand sagt, wir würden es zusammenlegen und eine gemeinsame Kasse daraus machen. Aber als Onkel Heinrich lachend seine Taschen nach außen stülpte und überhaupt kein Geld hatte, sagte Cousin Ferdinand, es würde doch keine gemeinsame Kasse geben. Er sagte, er würde es »anteilig« verwalten, und erklärte das, aber ich konnte nicht verstehen, was er meinte.

Während er redete, sah ich, wie Cousin Willi eins von den Geldstücken aus dem Haufen in seine Tasche gleiten ließ. Zumindest denke ich, daß ich das sah. Aber er tat es so schnell, daß ich nicht sicher war, und ich mochte nichts sagen.

Dann ertönte die Glocke, und wir gingen in einen großen Speisesaal zum Essen. Er war voller einfacher Leute und sehr stickig. Das Essen war scheußlich, und ich konnte nichts hinunterbringen. Ich nehme an, der Onkel war durch die lange Warterei und das schlechte Essen im Emigrantenlager ausgehungert. Es war furchtbar mitanzusehen, wie hungrig er, den Kopf fast im Teller, den fettigen Eintopf aß, den sie uns gaben. Sein Schnurrbart war ganz zerzaust. »Dieses Ragout ist köstlich,« sagte er. »Man berichte dem Küchenmeister, daß ich das gesagt habe.«

Cousin Ferdinand saß nicht bei uns. Er saß neben seinen neuen Freunden. Sie hatten die Köpfe zusammengesteckt und redeten erregt miteinander. Ich wußte bisher nicht, das Cousin Ferdinand Jiddisch spricht. Ich erinnere mich, wie er in Sofia vom Rücken seines

Pferdes herab eine Ansprache an seine Armee hielt, ich glaube aber nicht, daß er zu seinen Truppen Jiddisch sprach. Er sagte ihnen, ich erinnere mich, wie sehr er es bedauerte, sie nicht an die Front begleiten zu können. Wäre er nicht durch »Verpflichtungen in Sofia« daran gehindert, sagte er, würde er gerne in den Gräben direkt an der Front sein, im vordersten Graben. Das hat man ihm als Tapferkeit angerechnet.

Als wir vom Essen aufstanden, stampfte und schlingerte das Schiff ganz ordentlich. Ein junger Mann, ein Steward, sagte uns, wir wären nun aus dem Hafen heraus und auf offener See. Onkel Wilhelm sagte ihm, er möge dem Kapitän sein Kompliment für die saubere Navigation aus dem Kanal überbringen. Der junge Mann sah Onkel Wilhelm sehr genau an und sagte: »Klar, sag ich ihm sofort.« Aber er sagte es sanft. Dann wandte er sich an mich, als der Onkel es nicht hören konnte. »Ihr Papa ist wohl nicht ganz richtig, Miß Hohen.« Ich wußte nicht, was er meinte. Natürlich sagte ich ihm aber, daß Onkel Wilhelm lediglich mein Onkel wäre. Hohen, das sollte ich erklären, ist der Name, unter dem wir jetzt bekannt sind. Der junge Mann sagte, daß er in Wirklichkeit kein Steward wäre, nur für die Überfahrt. Er sagte das, weil ich das merkwürdige Gefühl hatte, ihn schon vorher einmal getroffen zu haben, und ihn fragte, ob ich ihn nicht an einem der Höfe gesehen hätte. Aber er sagte, er sei nie in seinem Leben »in Diensten« gewesen. Er sagte, er lebe in New York, er habe einen Eiswagen und sei Eismann. Er sagte, er freue sich, unsere Bekanntschaft gemacht zu haben. Ich glaube, er ist der erste Eismann, den ich getroffen habe. Er erinnert mich sehr an die Romanoffs, an die Großherzöge jüngerer Linie, meine ich. Aber er sagt, er ist nicht mit ihnen verwandt, so weit er weiß. Er sagt, sein Name ist Peters. Wir haben kein Gothaer Almanach an Bord des Schiffes. Ich kann seinen Namen also nicht heraussuchen.

SS Amerika. Donnerstag.

Letzte Nacht hatten wir ein schreckliches Erlebnis. Mitten in der Nacht kam Onkel Heinrich und rief mich. Er sagte, Onkel Wilhelm sei krank. Ich zog mir also einen alten Umhang um und ging mit ihm. Das Schiff hob und senkte sich mit einem furchtbar ächzenden und kreischenden Geräusch. In der Kabine brannte ein fahles Licht. Draußen brüllte laut der Wind, und die wilde See wogte gegen das Schiff.

Onkel Wilhelm saß halb aufgerichtet in seiner roh zusammengezimmerten Koje. Um sich herum hatte er zerlumpte graue Decken geschlagen, eine Hand klammerte sich an die Bettkante und in seinen Augen stand der blanke Schrecken. »Das Meer, das Meer«, sagte er immer wieder. »Ich will es nicht hören. Es sind ihre Stimmen. Hört! Sie schlagen gegen die Seite des Schiffes. Haltet sie fern von mir, laßt sie draußen!«

Er war einen Augenblick ruhig, bis die See wieder gegen die Schiffsseite anstürmte und das Wasser gegen die Luke donnerte. Da brach es aus ihm heraus: »Heinrich, Bruder Heinrich, halt sie zurück! Laß sie mich nicht hinunterziehen. Ich wollte es niemals. Ihr Tod ist nicht von mir zu verantworten. Es war Notwendigkeit. Heinrich! Bruder Heinrich! Sag ihnen, sie sollen mich nicht ins Meer hinab ziehen.«

So phantasierte er etwa eine Stunde lang, und wir versuchten, ihn zu beruhigen. Cousin Willi hatte sich davongeschlichen, wohin, weiß ich nicht. Cousin Ferdinand lag in seiner Koje und drehte uns den Rücken zu.

»Schlaf ich denn heute Nacht auch mal, überhaupt mal,« grummelte er dauernd, »oder wird daraus nichts. Sag, Mister, komme ich auch noch mal zum Schlafen.« Aber niemand nahm von ihm Notiz.

Dann wurde es hell, und der Onkel schlief ein. Sein Gesicht sah eingefallen und grau aus, und die Sehnen an seiner verdorrten, fest ans Hemd gepreßten Hand, standen vor.

So schlief er. Es schien so merkwürdig. Es gab keinen Hofarzt, keine Bulletins, um die Welt zu beruhigen, daß er ruhig schlief. Später am Morgen sah ich den Schiffsarzt und den Kapitän in goldbetreßten Uniformen auf ihrem Rundgang.

»Sie hatten hier ein paar Probleme letzte Nacht«, hörte ich den Kaptän sagen.

»Nein, nichts,« antwortete der Schiffsarzt, »nur einer der Passagiere aus dem Zwischendeck war in der Nacht im Delirium.«

Später am Morgen hatte sich der Sturm gelegt, und die See war glatt wie Glas. Onkel Heinrich und ich brachten Onkel Wilhelm an Deck. Mr. Peters, der Steward, ich glaube, ich habe schon vorher von ihm erzählt, hat uns einen Liegestuhl aus der Ersten Klasse gebracht, den man dort weggeworfen hatte. Er war ganz in Ordnung, bis auf ein fehlendes Bein. Der Onkel setzte sich rückwärts hinein, sein Gesicht von der See weggekehrt.

Er schien sehr mitgenommen zu sein. Er sah grau und müde aus, aber er sprach ganz ruhig und vernünftig. Über unsere Fahrt nach Amerika, und daß wir alle arbeiten müßten, das sei des Menschen Schicksal. Er selbst, sagte er, werde Präsident der Harvard Universität in New York. Und Onkel Heinrich, der natürlich unser eigener Großadmiral war und ein Seemann ist, wird Admiral bei der Marine einer der Staaten, möglicherweise, sagt der Onkel, bei der Marine von Missouri oder von Colorado. Es war angenehm, Onkel Wilhelm so reden zu hören, so ruhig und vernünftig wie in Berlin. Und mit demselben guten Zugriff auf politische Fragen. Er wurde nur einmal erregt, nämlich als er Onkel Heinrich erzählte, es sei sein besonderer Wunsch, daß der Onkel zum Kapitän gehe und ihm anbiete, die Führung des Schiffes zu übernehmen. Onkel Heinrich ist ein hervorragender Seemann, und bei all unseren Kreuzfahrten auf der Ostsee hat er die ganze Navigation ausgearbeitet, außer natürlich der Arithmetik, die war unter seiner Würde.

Onkel Heinrich lachte (er war immer so gutmütig) und sagte, vom Admiralsein hätte er genug für den Rest seines Lebens. Aber als Onkel Wilhelm darauf bestand, sagte er, er würde zusehen, was er tun könnte.

SS Amerika. Freitag.

Gestern den ganzen Tag über und heute war die See ruhig, und wir konnten an Deck sitzen. Ich war darüber froh, denn in der Kabine, in der ich bin, sind noch drei Frauen, und sie liegt unterhalb der Wasserlinie und ist stickig und schrecklich. Wenn es rauh ist, kann ich mit meinem Strickzeug nur im Gang sitzen. Dort ist das Licht sehr schwach und die Luft schlecht. Aber ich beschwere mich nicht. Es ist das Los der Frauen. Onkel Wilhelm und Cousin Willi haben mir das gesagt – daß es das Los der Frauen ist zu ertragen und zu leiden. Und sie haben das mit solch völliger Resignation gesagt, daß ich das Gefühl habe, ich sollte ihre Einstellung teilen.

Cousin Ferdinand ist auch sehr tapfer, was den Schmutz und die Unbequemlichkeiten an Bord betrifft. Er scheint sich am Schmutz überhaupt nicht zu stören. Und seine neuen Freunde (Mr. Sheehan und Mr. Mosenhammer) scheinen das alles auch sehr gut auszuhalten. Onkel Heinrich wäscht sich vor jeder Mahlzeit die Hände und das Gesicht an einer der Schiffspumpen, mit großem Gepruste und Gespritze. Aber Cousin Ferdinand sagt: »Die Pumpe? Für mich? Nein.« Er sagt, so etwas spiele jetzt keine Rolle. Und daß er es bedauere, nicht an der Spitze seiner Truppen gefallen zu sein. Das hätte er getan, wenn er nicht durch Verpflichtungen davon abgehalten worden wäre.

Ich habe Cousin Karl von Österreich gesehen! Also scheint er doch auf dem Schiff zu sein. Er war auf dem Promenadendeck bei den Erste-Klasse-Passagieren.

Von hier aus, vom Zwischendeck, kann man gerade noch ein Stückchen davon sehen. Cousin Karl trug einen Kellneranzug und brachte gerade zwei Herren in Liegestühlen etwas zu trinken. Ich weiß nicht, ob er mich gesehen hat oder nicht. Aber falls er mich gesehen hat, ließ er sich es nicht anmerken. Einer der Herren gab Cousin Karl ein Geldstück. So eigentümlich katzbuckelnd wie er sich verbeugte, war ich sicher, daß er es war. Genauso hatte er sich in Wien bewegt, bei seinem Cousin Ferdinand und dem lieben alten Onkel Franz Joseph.

Wir, ich meine wir Mädchen, haben immer geglaubt, es ist Cousin Karl gewesen, der Cousin Franz Ferdinand in Sarajewo in die Luft jagen ließ. Ich erinnere mich, daß wir Cousine Zita, Karls Frau, dazu gebracht haben, Onkel Wilhelm zu fragen, ob es wirklich Karl war. Aber Onkel Wilhelm sprach sehr ernst und sagte, es sei nicht unsere Sache, darüber zu diskutieren. Sollte Karl es getan haben, dann war es ein politischer Akt. Und zweifellos ist es für Cousin Karl sehr schmerzlich gewesen, es tun zu müssen.

Zita fragte den Onkel, ob Karl den lieben Onkel Franz Joseph vergiftet hat. Einige von Karls besten und intimsten Freunden behaupteten das. Aber der Onkel sagte nur sehr bestimmt: »Nein.« Der liebe alte Onkel Franz Joseph hätte kein Gift nötig gehabt, sondern war auf natürliche Weise unter den Händen von Onkel Wilhelms eigenem Arzt gestorben, der gerade seine Luftröhre untersuchte.

Natürlich scheinen diese Dinge jetzt weit weg zu sein.

Aber als ich Cousin Karl auf dem Oberdeck sah, erinnerte ich mich an all den harmlosen Klatsch und das Gerede unter uns Mädchen in den alten Tagen.

Freitagnachmittag.

Ich habe Cousin Willi heute Nachmittag an Deck gesehen. Ich hatte ihn gestern den ganzen Tag nicht zu Gesicht bekommen. Er scheint sich außer Sichtweite zu halten. Seine Augen waren blutunterlaufen, und ich war mir sicher, er hatte getrunken.

Ich fragte ihn, wo er während des Sturms gewesen war, als der Onkel krank war. Ein merkwürdiges gerissenes Lachen brach aus ihm heraus, und er sagte: »Dahinten.« Er wies mit dem Daumen zur Ersten Klasse des Schiffes. Dann sagte er: »Komm mal einen Moment her«, und führte mich um eine Ecke, wo uns niemand sehen konnte. Er zeigte mir eine goldene Brosche und zwei Diamantringe und befahl mir, den anderen nichts davon zu erzählen. Und dann versuchte er, meine Hand zu drücken und mich auf so schreckliche Art an sich zu ziehen, daß ich mich losriß und zurückging. Seither versuche ich darüber nachzudenken, wie er an die Brosche und die Ringe gekommen ist. Aber ich kann es mir nicht denken.

SS Amerika. Samstag.

Als ich heute an Deck ging, sah ich als erstes Onkel Heinrich. Ich habe ihn kaum erkannt. Er trug einen alten blauen Seemannspullover und rieb ein Messinggeländer mit einem Lappen blank. Ich fragte ihn, warum er so angezogen wäre, und Onkel Heinrich lachte und sagte, er sei Admiral geworden. Ich konnte mir nicht denken, was er meinte, da ich Doppeldeutigkeiten nie verstehe. Er erklärte mir also, daß er für die Überfahrt Arbeit als Seemann bekommen habe. Meiner Meinung nach sah er ganz hübsch aus in seinem Seemannspullover. Viel hübscher als in der Jacke mit Goldbesatz, als er unser Großadmiral war. Er erinnerte mich sehr an diese großen, blonden norwegischen Matrosen, die wir sahen, wenn wir auf der »Meteor« nach Flekkefjord und Gildeskaale fuhren. Ich bin sicher, er wird seinem englischen Kapitän große Dienste erweisen und ihm helfen, das Schiff gut hinüberzubringen.

Als Cousin Ferdinand mit seinen beiden Freunden Mr. Mosenhammer und Mr. Sheehan an Deck kam, zeigte er sich sehr interessiert daran, daß der Onkel Arbeit gefunden hat. Er vereinbarte sofort, daß er Onkel Heinrichs Lohn borgen würde und daß Mr. Sheehan ihn beleihen würde. Und daß er das dann unserem Kapital hinzufügen würde. Und daß er das Geld nehmen und verwahren würde.

Onkel Heinrich bekommt, was man in der neuen Währung einsfünfundsiebzig pro Tag nennt, und das wird er vier Tage lang bekommen. Cousin Ferdinand sagt, das macht viereinviertel Dollar. Cousin Ferdinand ist sehr schnell mit Zahlen. Er sagt, er muß eine kleine Gebühr dafür nehmen, daß er das Geld für Onkel Heinrich verwaltet, und daß er später sagen wird, wieviel danach übrig bleibt. Onkel Heinrich sagte, das sei in Ordnung und putzte weiter Messing. Es ist schon merkwürdig, wie ihn die Kleider verwandeln. Er sieht nun genau wie ein rauher einfacher Matrose aus.

SS Amerika. Dienstag.

Heute wird unsere Reise zu Ende gehen. Ich bin so froh darüber. Als wir an Deck kamen, sagte mir Mr. Peters, daß wir Land sehen könnten. Er nannte mir die Namen der Orte, aber ich konnte sie mir nur mit Mühe merken: Long Island und Sandy Hook – nicht ein bißchen wie unsere lieben, alten, einfachen deutschen Namen.

Dann wurde uns allen gesagt, wir sollten unsere Sachen zusammenpacken und uns für die Landung fertigmachen. Aus einer unserer Kisten habe ich einen alten Gehrock für Onkel Wilhelm herausgeholt. Er ist an den Ärmelenden etwas verschlissen und glänzt ein bißchen. Aber ich habe ihn hier und da gestopft, nun sieht er ganz nett aus. Er zog ihn zu einem Paar grauen Hosen an, die noch gut in Ordnung und nicht zu sehr ausgebeult sind. Ich hatte ihm ein rotes Halstuch gestrickt. Das trägt er über seinem blauen Hemd mit einem sogenannten Zelluloidkragen, den die amerikanischen Herren tragen.

Die See ist so ruhig, daß es dem Onkel nichts ausmacht, an Deck zu sein. Er ging sogar bis an die Reling, das hatte er während der ganzen Überfahrt nicht getan. Er stand dort in sehr imposanter Haltung, seine unbrauchbare Hand im Revers. Er sah fast so aus wie an Deck der »Meteor« auf der Ostsee, aber nicht ganz so.

Nach einer Weile sagte er, »Heinrich, deinen Arm!«, und ging mit Onkel Heinrich auf und ab. Ich konnte beobachten, daß die anderen Passagiere ganz beeindruckt davon waren, wie der Onkel aussah. Und daß ihm das gefiel. Ich hörte einen der jungen rohen Flegel sagen: »He, machst Du den alten Deutschen nach oder was?«

Onkel Heinrich geht so an Land, wie er ist, in seinem blauen Pullover. Aber Cousin Ferdinand hat eine knallrote Krawatte angezogen, die ihm Mr. Mosenhammer für drei Stunden geliehen hat.

Cousin Willi kam erst in der allerletzten Minute an Deck, und er schien furchtsam darauf bedacht, hinter den anderen Passagieren herzuschlüpfen und außer Sichtweite zu bleiben. Ich denke, das muß mit der Brosche und den Ringen zu tun haben, die er mir gezeigt hat. Seine Augen waren sehr rot und blutunterlaufen, und sein Gesicht sah unehrlicher und diebischer aus als je zuvor. Ich bin sicher, er hatte wieder getrunken.

Ich habe die letzten Zeilen dieses Tagebuches an Deck sitzend geschrieben. Wir sind gerade an einer riesigen Statue vorbeigefahren, die aus dem Wasser ragt. Ihren Namen haben sie genannt, aber ich kann mich nicht daran erinnern, da es nichts war, was ich jemals zuvor gehört habe.

Man muß sich das vorstellen – noch ein Weilchen und wir landen in Amerika!

II. KAPITEL

Stadt New York. 2nd Avenue

Gestern am späten Nachmittag sind wir von Bord des Schiffes gegangen. Wir sind quer durch die Stadt zu einer Pension auf der Second Avenue gekommen, wo wir uns nun befinden. Nur, hier nennen sie das nicht Pension, sondern *Boarding House.* Cousin Ferdinand und Cousin Willi sind mit unseren Kisten auf einem Fuhrwerk gefahren und Onkel Wilhelm, Onkel Heinrich und ich kamen in einer Straßenbahn. Es kostete uns fünfzehn Cent. Ein Cent entspricht 4⅙ Pfennigen. Wir haben versucht, herauszufinden, wieviel dann fünfzehn Cent sind, aber wir konnten es nicht. Aber Onkel Heinrich glaubt, das man das kann.

Dieses Haus ist ein hohes Haus in einer gewöhnlichen Straße voller Menschen und voll Lärm, den die Fuhrwerke und Straßenverkäufer machen. Ich denke, es wäre besser, man würde alle Boarding Häuser von der Straße zurücksetzen und dann davor Ulmen und Rasen pflanzen, mit Brunnen, wo die Pfauen auf und ab spazieren könnten. Ich bin sicher, das wäre viel besser.

Wir haben für Onkel Wilhelm und Onkel Heinrich ein Zimmer im dritten Stock nach hinten heraus genommen und ein kleines Zimmer nach vorne heraus für mich, einen Schlafsaal. Ich habe so etwas noch nie gesehen. In Sanssouci gab es das nicht, und ich glaube, in den anderen Schlössern auch nicht. Cousin Willi hat ein Zimmer oben im Haus und Cousin Ferdinand im Untergeschoß.

Die Wirtin ist reichlich bebleibt und erinnert mich sehr an die Großherzogin von Sonderburg-Augustenburg. In der Art, wie sie uns die Zimmer zeigte, glich sie sehr der Großherzogin, sie war vielleicht noch ein bißchen bestimmter und gebieterischer. Aber es hat den Anschein, als wären sie möglicherweise nicht verwandt, denn die Wirtin heißt Mrs. O'Holloran; das ist, denke ich, Schottisch.

Als wir ankamen, war es bereits Zeit zum Abendessen. Also gingen wir sofort nach unten. Der Speisesaal war im Untergeschoß. Er war überfüllt und stickig. Geschirr klapperte laut, und ein schwerer Essensgeruch hing in der Luft. Die meisten Leute saßen bereits, aber am Kopfende eines Tisches war noch ein Platz frei, und der Onkel steuerte direkt darauf zu. Ich sagte bereits, daß der Onkel seinen Gehrock und seinen Zelluloidkragen trug. Er schritt erhobenen Hauptes in den Raum, ein bißchen so, wie er in den großen Saal des Neuen Palais in Potsdam zu kommen pflegte. Nur, daß es in diesen Kleidern anders aussah. Als der Onkel den Raum betrat, gab er einen Wink mit seiner Hand und sagte: »Niemand möge sich erheben.« Ich kann mich daran erinnern, daß der Onkel das beim großen Marineessen in Kiel gesagt hatte und daß das Beispiel seines geschickten Taktgefühls Sensation machte. Er erkannte, daß es, wären alle aufgestanden, große Schwierigkeiten gegeben hätte, wenn sie sich ihrer Rangfolge gemäß wieder hätten setzen müssen. Er hatte die Befürchtung, daß es hier im Boarding Haus dieselbe Schwierigkeit geben könnte. Aber ich glaube das nicht, und ich denke nicht, daß sie überhaupt die Absicht hatten, sich zu erheben. Sie aßen einfach weiter. Ich bemerkte, wie ein billig aussehender junger Mann den Onkel mit einem halben Lächeln beobachtete, während er auf seinen Platz zustrebte. Ich hörte, wie er zu seinem Nachbarn sagte: »Was ist das denn für einer?«

Das Essen war so einfach und fett, daß ich kaum etwas essen konnte. Aber ich habe etwas ganz seltsames bemerkt: der Onkel scheint überhaupt nicht zu wissen, was er ißt. Er nimmt an, daß dieses armselige Zeug, das sie ihm vorsetzen, dieselben Delikatessen sind, die wir im Neuen Palais und in Sanssouci gegessen haben. »Ist das Fasan?« fragte er, als die Serviererin ihm seinen Teller Fleisch zuschob. Ich hörte den jungen Rüpel flüstern: »Das glaub ich nicht.« Kurz drauf wurde irgendetwas Gehacktes hereingebracht, und der Onkel sagte: »Ha! Eine Salami! Ha! Ausgezeichnet!« Ich konnte sehen, daß Mrs. O'Halloran, die Wirtin, die am anderen Ende des Tisches saß, sehr zufrieden war.

Weil es so schwer ist, sich an die Veränderungen in unserem neuen Leben zu gewöhnen, war ich erstaunt zu sehen, daß alle Leute auch noch weiterredeten, als der Onkel sich gesetzt hatte. Im Potsdamer Schloß sprach niemand während des Essens, es sei denn, der Onkel sprach ihn zuerst an. Und dann wurde erwartet, daß man sich verbeugte und so kurz wie möglich antwortete, um den Fluß von Onkel Wilhelms Konversation nicht zu unterbrechen. Gewöhnlich redete der Onkel, und alle anderen hörten zu. Alle fanden übereinstimmend, daß seine Konversation wunderbar war. Fürsten, Admiräle, Bischöfe, Künstler, Gelehrte und alle waren sich darüber einig, daß Onkel Wilhelm über großes Wissen und sprachliche Brillanz verfügte, beides nahezu blendend. Daher war es anfänglich natürlich ein bißchen enttäuschend, daß diese Leute einfach weiter miteinander redeten und Onkel Wilhelm gar nicht zuhörten, oder ihn fragend ansahen und sich Bemerkungen zuflüsterten. Ich weiß zwar nicht wie, aber bald gelang es dem Onkel, die Aufmerksamkeit am Tisch zu erlangen, und nach und nach beendeten die Leute ihre Gespräche, um ihm zuzuhören. Ich war darüber sehr froh, denn der Onkel sprach über Amerika, und ich war sicher, daß es sie interessieren würde, denn er sagte ziemlich genau dasselbe, was er in der wunderbaren Rede an die amerikanischen Bürger in Berlin gesagt hatte, zur Zeit als der erste Austauschprofessor an die Universität dort geschickt wurde. Ich erinnere mich, daß alle Amerikaner, die die Rede gehört hatten, sagten, der Onkel habe ihnen Dinge über ihr eigenes Land erzählt, die sie nie gewußt oder vermutet hatten. Ich war also froh, als ich den Onkel diesen Leuten die wunderbaren Möglichkeiten ihres Landes erklären hörte. Er sprach von den großen Ebenen von Connecticut und den riesigen Seehäfen von Pittsburg und Colorado Springs, und von den Tabakwäldern von Idaho, bis man alles förmlich vor Augen sah. Er sagte, daß man den Mississippi, das ist hier ein Fluß so groß wie die Weser, eindämmen und halten sollte, während auf der anderen Seite der Vernichtungsfeldzug gegen die Indianer geführt würde, mit dem Ziel, sie zu christianisieren. Die Leute hörten zu, ihre Gesichter waren von der stickigen Luft und dem Essen gerötet. Hier und da lachten einige oder stießen sich an und sagten: »Hör da mal zu, Mensch.« Aber ich kann mich daran erinnern, daß, als der Onkel diese Rede in Berlin hielt, der türkische Botschafter danach sagte, er wisse nun soviel über Amerika, daß er sterben wolle. Und der Schah von Persien schrieb dem Onkel einen Brief, eigenhändig, bis auf die längsten Worte, und sagte, er habe angeordnet, daß man des Onkels Rede über Amerika drucken solle und daß sie von allen Lehrern in Persien bei Strafe der Enthauptung vorgelesen werden müsse. Fast alle lasen sie.

Mittwoch.

Heute Morgen gab es eine große Enttäuschung. An Bord des Schiffes war alles bestens dafür arrangiert worden, daß der Onkel die Präsidentschaft der Harvard Universität übernehmen würde. Onkel Heinrich, Cousin Ferdinand und Cousin Willi hatten dem alle zugestimmt, wir hatten die Sache als abgeschlossen betrachtet. Nun scheint es so, als sei da ein Fehler unterlaufen. Zunächst einmal ist die Harvard Universität nicht in New York, wie wir in Deutschland immer geglaubt haben. Ich kann mich daran erinnern, daß Onkel Heinrich nach der Rückkehr von seiner großen Reise durch Amerika, bei der er die amerikanischen Institutionen so tiefgründig studiert hatte, seinen Bericht abgab und sagte, die Harvard Universität wäre in New York. Der Onkel ließ diese Information in unserer Geheimdienstabteilung zu den Akten nehmen.

Aber sie scheint woanders zu sein. Die Universität hier heißt Columbia. Also beschloß der Onkel, davon die Präsidentschaft zu übernehmen. Früher haben alle großen Gelehrten dem Onkel immer wieder versichert, daß er, wenn das Schicksal ihn nicht zum Kaiser bestimmt hätte, besser als jeder Lebende dazu geeignet wäre, an der Spitze einer großen Universität zu stehen. Der Onkel gab das selber zu, obwohl er es übel nahm, nur mit den Lebenden verglichen zu werden.

Somit gab es eine große Enttäuschung heute, als man sich weigerte, ihm die Präsidentschaft zu übertragen. Ich ging mit ihm zum College, aber ich kann nicht ganz verstehen, was passiert ist, oder warum sie sie ihm nicht übertragen wollen. Wir gingen den ganzen Weg zu Fuß dorthin. Ich trug eine Handtasche voll mit den Auszeichnungen und Diplomen des Onkels, aus Oxford und von der ganzen Welt. Den ganzen Weg dorthin sprach der Onkel über die Erhabenheit und die Freiheit des Lernens und der Lehre, und was er tun würde, wenn er Präsident der Hochschule sei. Und daß alle Professoren aufmerken und ihm gehorchen sollten. Zeitweise wurde er so aufgeregt, daß er mitten auf der Straße anhielt und mit seinen Händen winkte und gestikulierte, daß die Leute sich umdrehten und ihn ansahen. In Potsdam haben wir nie bemerkt, daß der Onkel die ganze Zeit über aufgeregt war. Und, überhaupt, in seiner Uniform und mit seinem Säbel, der beim Gehen rasselte, sah alles ganz anders aus. Aber hier, auf der Straße, in seinem verschossenen Gehrock mit dem gestrickten Halstuch, mit gerötetem Gesicht und unruhigen Augen, schienen die Leute fälschlicherweise anzunehmen, er sei nicht ganz richtig.

Ich denke also, er hinterließ einen falschen Eindruck, als wir in das Büro der Universität kamen. Der Onkel war immer noch ganz vom Sprechen erregt. »Man bringe die Bevollmächtigten herbei«, sagte er entschieden zu den beiden jungen Männern in schwarzen Anzügen, irgendwelche Sekretäre, nehme ich an, die uns empfingen. Dann drehte er sich zu mir um. »Prinzessin,« sagte er, »meine Diplome!« Er fing an, sie aus der Tasche zu ziehen und heftig auf den Tisch zu werfen. Die anderen Leute, die im Raum warteten, starrten ihn alle an. Dann nahmen die jungen Männer den Onkel beim Arm und führten ihn in ein Zimmer weiter hinten, und ich ging auf den Gang hinaus und wartete. Bald darauf kam einer der jungen Männer und sagte mir, ich solle nicht warten, da der Onkel mit einem Taxi nach Hause geschickt worden sei. Er war sehr höflich und zeigte mir den Weg zur Hochbahn. Aber während ich wartete, hörte ich einige Leute über den Onkel sprechen. Einer sagte: »Das ist derselbe alte Deutsche, der letzte Woche mit uns auf dem Schiff im Zwischendeck war. Hat Größenwahn oder sowas, sie sagen, er denkt, er wäre der ehemalige Kaiser. Ich habe den Kaiser einmal bei einer Parade in Berlin gesehen - da besteht wohl kaum Ähnlichkeit.«

III. KAPITEL

Seit Wochen habe ich nicht mehr Tagebuch geführt, weil alles so entmutigend war. Nachdem Onkel Wilhelms Angebot, die Präsidentschaft der Columbia Universität zu übernehmen, abgelehnt worden war, diskutierte er mit Onkel Heinrich und Cousin Ferdinand von Bulgarien (der nicht mehr in unserem Boarding Haus lebt, aber oft abends herüberkommt), ob er die Präsidentschaft von Harvard akzeptieren sollte. Cousin Ferdinand schlug das Gehalt in einem Buch nach und riet ihm, die Präsidentschaft nicht zu akzeptieren. Cousin Ferdinand hat so kleine Bücher mit den ganzen Gehältern der Leute in Amerika. Er sagt, daß diese Bücher recht ordentlich seien und viel besser als der Gotha, den wir in Europa immer benutzten, um etwas über jemanden herauszufinden. Er sagt, wenn er jemals wieder zurückgeht, um König von Bulgarien zu werden, dann wird er Bücher wie diese einführen. Cousin Ferdinand hat allmählich den Kopf voller amerikanischer Ideen, und er sagt, was man über einen Menschen wissen will, ist nicht die Linie seiner Abstammung, sondern seine Kreditlinie. Und er sagt, daß dieses ganze Königsgeschäft in Europa falsch gemanaged worden ist. Seiner Meinung nach sollten Millionen darin stecken. Ich habe vergessen, in meinem Tagebuch schon früher anzumerken, daß Cousin Ferdinands beiden Freunde, Mr. Mosenhammer und Mr. Sheehan, ihn sofort als eine Art

Partner in ihr Tuchgeschäft aufgenommen haben. Sie haben herausgefunden, daß er Anzüge tragen kann, das war der Grund. Die Wirkung auf die Kunden, wenn sie Cousin Ferdinand vor dem Geschäft auf und ab gehen sehen, ist wunderbar. Natürlich können alle Könige Anzüge tragen. Und früher, im Potsdamer Palast, haben wir uns nichts dabei gedacht. Aber Cousin Ferdinand sagt, daß die Könige es besser hätten wissen müssen. Und sie hätten ihre Versuche, Soldaten zu sein, aufgeben und sich stattdessen an die Spitze des Tuchexports stellen müssen. Er wünschte, sagte er, er hätte ein paar von seinen bulgarischen Generälen hier, in ihren blauen pelzbesetzten Mänteln. Er sagt, mit einer kleinen Änderung (die er uns demonstrierte), könnte er sie »auf die Straße« schicken (wo immer das sein soll). So könnte er den größten Umsatz in Herrenwinterbekleidung erzielen, den die Branche je erlebt hat.

Wenn Cousin Ferdinand jetzt an den Abenden herüberkommt, ist er immer wunderschön gekleidet, und ich kann bemerken, daß Mrs. O'Halloran, die Wirtin, sehr von ihm beeindruckt ist. Ich bin froh darum, weil wir noch nicht in der Lage waren, ihr Geld zu bezahlen. Und ich befürchtete, sie könnte das irgendwie erwähnen. Aber was noch verblüffender ist: seit Cousin Ferdinand gute Anzüge hat, scheinen auch Onkel Wilhelm und Onkel Heinrich beeindruckt zu sein. Onkel Heinrich sieht so einfach und bieder in seinem Seemannspullover aus. Und Onkel Wilhelm wirkt verblaßt und schäbig in seinem alten Gehrock, und sein Gesicht ist immer leer und abwesend. Wenn nun also Cousin Ferdinand hereinkommt, stehen sie auf und holen ihm einen Stuhl und hören zu allem auf seinen Rat.

Wie ich schon sagte, schaute Cousin Ferdinand das Gehalt des Präsidenten von Harvard in einem Buch nach. Und er war ganz dagegen, daß Onkel Wilhelm diese Position einnähme. Aber Onkel Wilhelm sagt, diese Art von Stellung käme dem, was er in Deutschland gehabt hätte, in diesem Land am nächsten. Er denkt, er könne für Harvard tun, was er für Deutschland getan hat. Er hat auf einem großen Blatt Papier alles aufgeschrieben, was er die Hauptanliegen von Amerika nennt, denn er ist immer auf solche Art beschäftigt, niemals ruhig. Die ganze Liste habe ich vergessen, vor allem, weil Onkel Wilhelm sie jeden Tag ändert, je nachdem, wie ihn die Leute auf der Straße behandeln. Aber das, was er immer zuerst nennt, sind Kultur, Religion und Licht. Dafür kann er sorgen, sagt er. Und er gehe davon aus, daß die Präsidentschaft von Harvard der beste Platz sei, von dem aus man das tun könne. Schließlich akzeptierte er die Position gegen Cousin Ferdinands Rat. Zumindest meine ich, hat er gesagt, daß er sie übernehmen wolle. Und er befahl Onkel Heinrich, all seine Auszeichnungen und Diplome zusammenzupacken und sie mit dem Vermerk, er käme, nach Harvard zu schicken.

Daher war es schrecklich enttäuschend, als alle Diplome mit der nächsten Post zurückkamen. Ein Brief war dabei, aber ich habe ihn nicht gesehen, da ihn Onkel Wilhelm in tausend Stücke gerissen und darauf herumgetrampelt hat. Er sagte, nun sei er für immer mit den amerikanischen Universitäten fertig. Ich hab ihn noch nie so wütend gesehen: an seinen Fingern zählte er all die amerikanischen Professoren auf, die er in Berlin zum Essen eingeladen hatte. Eine Mahlzeit für jeden, manchmal zwei. (Der Onkel hat für so etwas ein wunderbares Gedächtnis.) Und das war nun ihr Dank. Er wanderte in seinem Zimmer auf und ab und redete so wild und unzusammenhängend, daß ich befürchtet hätte, er wäre geistig abwesend, wenn ich nicht gewußt hätte und unsere größten deutschen Autoritäten es mir nicht so oft bestätigt hätten, wie wundervoll ausgeglichen Onkel Wilhelms Geist ist.

Aber kurz darauf beruhigte er sich und sagte mit tiefem Ernst, die amerikanischen Universitäten müßten sich nun auf ihre eigene Weise ruinieren. Er wäre mit ihnen fertig. Er sagte, er würde in ein Kloster gehen und sein Leben in stiller Anbetung verbringen. Vorausgesetzt, er finde etwas Anbetungswürdiges, und das, sagte er, sei in seiner Stellung sehr zweifelhaft. Eine halbe Stunde später war er wieder ganz fröhlich. Es ist wunderbar, wie schnell Onkel Wilhelms Verstand sich selbst regeneriert. Und er sagte, ein Kloster sei zu ruhig, und er werde die Position eines Gouverneurs eines der Staaten annehmen. Es gab davon eine Menge in diesem Land, und der Onkel verbrachte Tage damit, ihnen Briefe zu schreiben. Und als die Antworten kamen, einige haben allerdings nie zurückgeschrieben, geriet Onkel Wilhelm in einen ähnlichen Wutanfall wie wegen der Präsidentschaft von Harvard. Natürlich erschien uns jeder Tag noch enttäuschender als der vorausgegangene, besonders wegen der Unannehmlichkeiten, die wir mit Cousin Willi hatten. Ich habe davon noch nicht erzählt. Und ich war schon ganz entmutigt, bis sich gestern Abend alles zu ändern schien.

Natürlich wußten wir alle, daß Onkel Wilhelm der größte Künstler in der Welt ist. Aber niemand wollte ihm vorschlagen, seine Bilder für Geld zu verkaufen. Ein Fürst war nicht in der Lage, so etwas zu tun. Ich konnte trotzdem nicht umhin, mich zu freuen, als der Onkel gestern beschloß, sich herabzulassen und sein Brot mit der Kunst zu verdienen. Es geriet ihm zu einem großen inneren Kampf, sich zu dieser Entscheidung durchzuringen. Aber er hat es lang und breit mit Onkel Heinrich besprochen, nachdem Onkel Heinrich von der Arbeit nach Hause gekommen war. Und die Entscheidung ist gefällt.

Natürlich hat der Onkel immer ein wunderbares Talent zum Malen gehabt. Ich erinnere mich, wie sehr seine Bilder am Berliner Hof bewundert wurden. Ich habe einige der besten Maler in absoluter Trance, so sagten sie selbst, vor den Leinwänden des Onkels stehen sehen. Ich erinnere mich, wie einer unserer größten Maler in der Potsdamer Galerie eines Tages zum Onkel sagte. »Nun, welches dieser beiden Bilder ist Ihres und welches von Michelangelo. Ich kann Sie beide nie auseinander halten.« Der Onkel verlieh ihm den Roten Schwanenorden. Ein anderer Maler sagte einmal, wenn des Onkels Talent entwickelt worden wäre, hätte er der größte Maler der Moderne werden können. Onkel Wilhelm, ich erinnere mich, war furchtbar böse. Er erwiderte, sein Maltalent sei entwickelt. So war es nur natürlich, daß der Onkel sich der Kunst zuwenden sollte, um unseren Lebensunterhalt zu verdienen. Aber er zögerte, denn es gibt Zweifel, ob eine Person von adeliger Geburt irgendetwas für Geld verkaufen kann. Aber der Onkel sagt, Tintoretto, der große italienische Künstler, war zu zwei Vierteln adelig, und Velasquez zu zweieinhalb Vierteln.

Glücklicherweise haben wir unter unseren Sachen auch die Staffelei des Onkels und die Farben, die er in Berlin benutzt hat, mitgebracht. Er brauchte immer besondere Sachen, weil er keine kleinen Pinsel und Farbtuben benutzt wie die normalen Künstler, sondern er hatte einen großen Pinsel und seine Farbe in einer Blechbüchse, so daß er schneller arbeiten kann. Zum Glück haben wir drei von Onkels Bildern zusammengerollt unten in unseren Kisten. Diese wird er zuerst verkaufen und danach, so sagt er, wird er eins oder zwei täglich malen. Eine der drei Leinwände, die wir haben, ist ein allegorisches Bild. Es heißt *Fortschritt.* Man sieht darauf im Hintergrund den Fortschritt, der aus einer Wolke kommt, und im Vordergrund steht Onkel Wilhelm. Ein anderes Bild heißt *Moderne Wissenschaft.* Auf diesem Bild kann man im Hintergrund die Wissenschaft sehen, wie sie im Dunkeln kauert, und Onkel Wilhelm steht im Vordergrund im Licht. Das andere heißt *Mitternacht im Schwarzwald.* Onkel Wilhelm hat es in fünf Minuten mit einem Topf schwarzer Farbe gemalt. Man sagt, es sei impressionistisch.

Also sprachen Onkel Wilhelm und Onkel Heinrich

den ganzen Abend über den neuen Plan. Es ist wunderbar, wie Onkel Wilhelm etwas angeht. Ich mußte ihm sein altes blaues Hemd bringen, das bei den Malsachen war, und er zog es über seine Kleider und ging im Zimmer mit einem langen Pinsel auf und ab. »Wir Maler, mein lieber Heinrich,« sagte er, »dürfen nicht hochmütig sein. Amerika braucht Kunst. Sehr gut. Es wird sie bekommen.«

Ich konnte natürlich sehen, daß Onkel Wilhelm die Idee, Bilder gegen Geld zu verkaufen, nicht gut fand. Aber es wird für diesen Aspekt der Sache weniger anstößig, wenn er ein großes Bild malt, ein sehr großes Bild, umsonst, um es der großen Metropolitan Art Gallery zu schenken. Der Onkel hat es bereits halb durchdacht. Es wird *Geist von Amerika* heißen. Und darauf wird der Geist von Amerika zusammengekrümmt im Hintergrund zu sehen sein. Über den Vordergrund hat der Onkel noch nicht näher nachgedacht. Aber er sagt, er hätte eine Idee.

Auf jeden Fall wird er sich weigern, mehr als einen bescheidenen Preis für seine Bilder zu verlangen. Keinen Pfennig darüber hinaus, sagt er.

Also hat der Onkel heute Morgen seine drei Leinwände zusammengerollt unter den Arm gesteckt und ist fortgegangen, um sie zu verkaufen.

Ich bin sehr froh, denn wir haben nur wenig Geld, in der Tat nicht mehr als Onkel Heinrichs Lohn. Und ich bin auch beunruhigt und erstaunt über Cousin Willi. Er ist kaum noch bei uns anderen. Er ist die ganze Nacht weg und schläft tagsüber, und ich bin oft sicher, daß er etwas getrunken hat. Als er eines Morgens bei Tagesanbruch nach Hause kam, zeigte er mir eine ganz schöne Handvoll Geld, wollte aber nicht sagen, woher er es hatte. Ich bat ihn, mir etwas davon zu geben, um Mrs. O'Halloran zu bezahlen. Aber er lachte nur auf seine gemeine Art und sagte, er brauche es alles. Ein anderes Mal ging ich in sein Zimmer nach oben, als Cousin Willi nicht da war. Und da sah ich in der Ecke des Kleiderschrankes eine Menge Silbersachen, die dort versteckt waren. Sie sahen aus wie Kelche und silbernes Eßbesteck. Und neben diesen Sachen waren ein Revolver und ein Fahrtenmesser verborgen. Mir kam allmählich der Gedanke, daß er all diese Dinge wohl gestohlen haben mußte. Auch wenn das für einen Prinzen unmöglich schien. Ich habe mit Onkel Wilhelm mehrmals über Cousin Willi gesprochen. Aber er wird ungeduldig und scheint sich nicht darum zu kümmern. Der Onkel hat nie den starken Wunsch, über andere Leute als sich selbst zu reden. Ich denke, es ermüdet seinen Geist. Jedenfalls, sagt er, habe er für Cousin Willi bereits alles getan, was er tun könne. Er sagte, er habe ihn bereits dreimal eingekerkert. Und viermal habe er ihm einen Monat lang untersagt, sich ihm zu zeigen. Und zweimal hat er ihn für sechs Wochen auf einen Landsitz verbannt. Seine Pflicht habe er getan, sagte er. Ich sagte, ich hätte die Befürchtung, Cousin Willi habe gestohlen, und erzählte ihm von den Silbersachen, die im Schrank versteckt sind. Aber der Onkel wurde sehr ernst und erteilte mir eine sehr ernste Lektion. Kein Prinz, sagte er, stiehlt jemals. Sein Sohn, erklärte er, möge sehr wohl

Souvenirs als Erinnerungen an seinen Amerikaaufenthalt sammeln. Einige unserer schönsten Kunstwerke in Potsdam und Sanssouci wären Souvenirs, die unsere Ahnen vor etwa fünfzig Jahren in Frankreich gesammelt hätten. Der Onkel sagte, wäre der große Krieg so ausgegangen, wie er es gesollt hätte, und hätten ihn die Soldaten nicht dadurch verraten, daß sie getötet wurden, hätten wir jetzt mehr Souvenirs als je vorher. Danach strich er das Thema aus seinen Gedanken. Onkel Wilhelm kann Dinge schneller aus seinen Gedanken streichen als irgendjemand anderes, den ich kenne.

Am selben Tag. Später

Heute Nachmittag war ich sehr überrascht, als ich zufällig zur Tür hinunter ging und Mr. Peters sah, den Eismann, der auf dem Schiff war. Er lieferte mit seinem Eiswagen Eis ins Untergeschoß. Ich wußte, daß er in diesem Teil der Stadt Eis ausfährt, weil er das gesagt hatte. Und ich denke, er hatte diese Straße genannt. Und zwei-dreimal dachte ich, ich hätte ihn vom Fenster aus gesehen. Trotzdem war es schon überraschend, genau in dem Moment zur Tür hinunter zu gehen (warum weiß ich nicht mehr), in dem er da war. Er sah sehr gut aus in seinem großen einfachen Arbeitsanzug. Er ist nicht ganz so wie eine Militäruniform, aber meiner Meinung nach sieht er besser aus. Mr. Peters erkannte mich sofort. »Guten Tag, Miß Hohen,« sagte er (das ist der Name, den wir hier haben, ich glaube, ich habe davon gesprochen), »wie geht's der Familie?«

So redeten wir ein ganzes Weilchen, und ich erzählte ihm davon, daß der Onkel versuchte, Arbeit zu finden. Und wie schwierig das war, und wie er schließlich Arbeit bekommen hatte, oder zumindest losgegangen war, Arbeit als Maler zu bekommen. Mr. Peters sagte, das sei prima. Er sagte, Maler hätten hier ein gutes Auskommen. Er hat eine Menge Freunde, die Maler sind; sie bekommen alle zwischen sechzig und fünfundsiebzig Cents pro Stunde. Der Gedanke, daß sie pro Stunde bezahlt werden, erscheint mir komisch. Ich glaube nicht, daß die Hofkünstler zu Hause so bezahlt worden sind. Es wird sehr nett sein, wenn Onkel Wilhelm sich unter die Künstlerfreunde von Mr. Peters mischen kann. Mr. Peters fragte, ob er mich an einem Sonntag einmal ausführen darf. Und ich sagte, ich würde Onkel Wilhelm und Onkel Heinrich und Cousin Ferdinand und Cousin Willi fragen. Und wenn sie alle einverstanden wären mitzukommen, würde ich mitgehen. Ich hoffe, das war nicht zu anmaßend.

Als ich von Arbeit sprach, vergaß ich zu erwähnen, daß Onkel Heinrich sofort am zweiten Tag, den wir hier waren, Arbeit gefunden hat. Er arbeitet in den Docks, da wo die Schiffe sind. Ich glaube, er überwacht das Ein- und Auslaufen der amerikanischen Marine. Was er macht, heißt »Stauer«, und ohne Zweifel hat ihm dabei geholfen, daß er ein Admiral ist. Er hofft, daß er ein Zertifikat bekommt, das ihn bald zum Bootsmann macht. Und damit wäre er dann für die Kanäle verantwortlich. Aber dafür muß man eine sehr schwierige Prüfung ablegen, und Onkel Heinrich lernt dafür nachts aus einem

Buch. Er muß dafür gewöhnliches Bruchrechnen lernen, in unserem Obersten Marine-Kommando mußte natürlich niemand so etwas tun. Aber Onkel Heinrich läßt sich dazu herab. Ich glaube nun also, daß alles gut wird.

IV. KAPITEL

Aus des Onkels Kunst ist nichts geworden. Gestern erst habe ich in meinen Memoiren notiert, wie zuversichtlich und froh ich war, daß Onkel Wilhelm in der Lage sein würde, sein Auskommen durch die Kunst zu bestreiten. Und nun ist schon wieder alles ganz anders. Die ganze Zeit, während der Onkel die Kunsthändler besuchte, machte ich Pläne und dachte darüber nach, was wir mit dem Geld, das hereinkam, anfangen würden. So ist es nun sehr enttäuschend, daß daraus nichts wird. Ich weiß nicht genau, was passiert ist, denn Onkel Wilhelm erzählt nie Details. Sein Geist arbeitet dafür zu schnell. Aber er kam absolut rasend nach Hause und hatte die Bilder immer noch unter seinem Arm. Und er stampfte in seinem Zimmer auf und ab und bediente sich einer ganz abscheulichen Sprache.

Als er aber nach einer Weile ruhiger wurde, erklärte er mir, die Amerikaner hätten alle ein Brett vor dem Kopf, und daß die Kunst, vor allem seine, völlig an ihnen verschwendet sei. Der Onkel sagte, er wolle nicht schlecht über die Amerikaner reden, aber sie seien Schweinehunde. Er trägt ihnen nichts nach für das, was sie getan haben, und sein Herz ist frei von jedem Rachegefühl, aber er wünschte, er könnte seinen Fuß für eine halbe Minute in ihr Genick setzen. Er sagte das mit einem so merkwürdigen schrecklichen Grinsen, daß sein Gesicht einen Moment lang völlig verändert aussah.

Als er sich kurz darauf aber erholte, wurde er wieder ganz fröhlich. Und er sagte, daß es ihm als Gast des amerikanischen Volkes wahrscheinlich nicht zustünde, etwas gegen sie zu sagen. Es ist befremdlich, wie der Onkel von sich selbst immer als von einem Gast des amerikanischen Volkes spricht. Angesichts dieser armseligen Behausung und dieser heruntergekommenen Umgebung erscheint das komisch. Während unserer Mahlzeiten im lauten Speisesaal im Untergeschoß spricht er oft in seinen Reden an die Hausgäste von sich als Gast Amerikas. Er sagt: »Was verlangt Amerika dafür? Nichts.« Ich bemerke, daß Mrs. O'Halloran, die Wirtin, das nicht mag, denn wir haben ihr seit langem nichts bezahlt, und sie hat mich schon ein paarmal im Flur daraufhin angesprochen.

Aber wenn Onkel Wilhelm im Speisesaal Reden hält, denke ich, verwandelt sich der ganze Raum in den Bankettsaal eines Palastes, und die billigen Wandleuchter blitzen vor Licht, und er redet immer schwülstiger. Er macht eine Handbewegung zu Onkel Heinrich und bezeichnet ihn als »mein Bruder, der Admiral,« und mich als »die Prinzessin an meiner Seite«. Einige Leute, die unverschämteren, fangen an zu lachen und zu flüstern, andere schauen sich nur unwohl und mitleidig um. Und immer zu diesen Gelegenheiten spricht der Onkel von sich als Gast Amerikas und von den Amerikanern als der gastfreundlichen Nation, die ihn in ihr Herz geschlossen hat. Ich glaube, wenn der Onkel das sagt, glaubt er das wirklich. Der Onkel kann praktisch alles glauben, was er sagt.

Wie schon gesagt, als er gestern nach Hause kam, nachdem er seine Bilder nicht hatte verkaufen können, war er zuerst wütend, dann verfiel er in seine andere Stimmung und sagte, daß er als Gast eines großen Volkes eine letzte Möglichkeit gefunden habe, sich erkenntlich zu zeigen. Er sagte, er würde eine Kunstschule aufbauen. Und sobald er die Idee hatte, war er davon besessen und ergriff einen Stift und Papier und fing an, Pläne für die Schule zu machen und eine Liste der Lehrer aufzustellen, die er brauchte. Er fragte zuerst, wer Prinzipal oder Präsident der Schule sein könnte. Und er entschied, daß er das selbst sein müsse, denn er kenne niemanden außer sich selbst, der über das besondere Organisationstalent verfüge, das dafür nötig sei. Alle technischen Lehrer, sagte er, müßten absolut die besten sein. Jeder ein Meister seines Faches. Also schrieb er oben auf seine Liste, »Lehrer für Ölmalerei«. Dann überlegte er ein bißchen, den Kopf in der Hand, wer das tun könnte. Einen Moment später seufzte er auf und sagte, soweit er wisse, gebe es niemanden. Er müsse das selbst tun. Dann schrieb er auf »Lehrer für Aquarellmalerei«, und sobald er das geschrieben hatte, sagte er sofort, das müsse er wohl auch übernehmen. Es gebe niemanden, dem er dies anvertrauen könnte. Dann sagte er: »Laßt mich sehen, Perspektive, Freihandzeichnen, Kreidemalerei. Ich brauche drei Männer: drei Männer erster Qualität. Kann ich sie bekommen? Ich zweifele daran. Laßt mich nachdenken, was man tun kann.«

Er ging im Zimmer auf und ab, seine Hände auf dem Rücken, sein Kopf tief in Gedanken, während er murmelte: »Drei Männer? Drei Männer? Ha! Warum drei? Warum nicht einen Mann, wenn er über die entsprechende Begabung verfügt?«

Aber gerade als er das sagte, klopfte es an der Tür, und Mrs. O'Halloran kam herein. Ich wußte sofort, warum sie gekommen war, denn sie hatte es angedroht. Ich war also fürchterlich nervös, als sie damit anfing zu sagen, unsere Miete für die Wohnung wäre zu lange unbezahlt geblieben, und wir müßten ihr sofort bezahlen, was wir ihr schuldig seien. Es brauchte eine Zeit, bis Onkel Wilhelm verstand, worüber sie redete. Aber als er sie verstand, wurde er schrecklich kühl und höflich. Er sagte: »Ich möchte Sie klar verstehen, Madame, was wollen Sie sagen: verstehe ich Sie richtig, daß Sie mir sagen wollen, die Miete hier für unsere Unterbringung ist nun fällig und muß bezahlt werden?« Mrs. O'Halloran sagte ja, so wär's. Und der Onkel sagte: »Ich will versuchen, Ihr Anliegen genau zu begreifen: gehe ich recht in der Annahme, daß sie meinen, ich schulde Ihnen Geld?« Mrs. O'Halloran sagte, das wär's, was sie meinte. Der Onkel sagte: »Lassen Sie mich versuchen, so genau wie möglich zu verstehen, was Sie mir sagen wollen: ist meine Vermutung richtig, daß Sie mir zu verstehen geben, es ist an der Zeit, daß ich meine Rechnung bezahle?«

Mrs. O'Halloran sagte: »Ja«, aber ich konnte sehen, daß sie zu diesem Zeitpunkt schon ganz verwirrt war, weil so etwas schrecklich Kühles in Onkels Art war. Auf eine Weise war sein Tonfall die pure Höflichkeit, aber es gab da einen Unterton, der damit kalkulierte, daß Mrs. O'Halloran das Gefühl bekam, mit dem, was sie getan hatte, einen schrecklichen Fauxpas begangen zu haben. Onkel Wilhelm erzählte mir später, daß es nicht erlaubt ist, Geld in Gegenwart eines Fürsten zu erwähnen, und daß kein Hohenzollern es jemals gestattet habe, daß das Wort »Rechnung« in seiner Gegenwart ausgesprochen wurde. Und daß er aus diesem Grund und aus reiner Höflichkeit versucht habe, der Frau jede erdenkliche Chance zu geben, ihre Worte zurückzunehmen, und er hatte ihr nur einen Tadel erteilt, als sie das nicht tat. Sicher war es ein schrecklicher Verweis, den er ihr erteilte. Er sagte ihr, er müsse darauf bestehen, daß dieses Thema ein für allemal fallengelassen und nie wieder aufgenommen werde. Daß er eine solche Diskussion nicht zulassen könne, er müsse sich weigern, sich weiter über dieses Thema zu unterhalten. Er sagte, er wünsche nicht, mit unnötiger Strenge zu sprechen, aber er wolle es doch klar ausdrücken: wenn es je zu einer Wiederholung der Diskussion käme, fühle er sich außerstande, weiter im Hause zu bleiben.

Während Onkel Wilhelm das sagte, wurde Mrs. O'Halloran immer verwirrter und wütender, und als der Onkel ihr schließlich die Tür öffnete, ging sie rückwärts hinaus und fand sich draußen wieder, ohne zu wissen, was sie tat. Kurz darauf konnte ich sie unten in der Spülküche mit dem Geschirr klappern hören, und sie sagte, sie sei auch nicht schlechter als andere, sie sei schließlich auch nicht irgendjemand.

Aber Onkel Wilhelm, wunderbar beruhigt, war nach dieser Szene in gehobener Stimmung und sagte: »Prinzessin, bring mir meine Flöte.« Ich brachte sie ihm, und er saß am Fenster, lehnte den Kopf nach draußen und spielte unsere lieben alten deutschen Melodien, bis jemand mit einem Stiefel nach ihm warf. Die Leute hier sind nicht musikalisch. Aber inzwischen hatte Onkel Wilhelm die Kunstschule völlig vergessen, und er verlor kein Wort mehr darüber.

Am nächsten Tag.

Heute ist etwas Furchtbares passiert. Die Polizei ist ins Haus gekommen und hat Cousin Willi mitgenommen. Er ist nun an einem Ort, der *The Tombs* heißt. Und Mr. Peters sagt, er wird in das Große Gefängnis Sing-Sing gebracht. Er wird wegen Raubüberfall und versuchten Mordes angeklagt.

Es war sehr schrecklich, als sie kamen, um ihn zu holen. Ich war froh, daß Onkel Wilhelm nicht da war und alles mit ansehen mußte. Aber es war morgens, und er war ausgegangen, um bei einer Schiffahrtsgesellschaft wegen des Vorsitzes vorzusprechen. Und ich war dabei, unsere Zimmer zu putzen und aufzuräumen, Mrs. O'Halloran tut das nicht mehr und läßt auch das schwarze Dienstmädchen nicht mehr unsere Zimmer putzen, bis wir ihr mehr Geld bezahlen. Sie sagte mir das, aber ich denke, sie hat Angst, es Onkel Wilhelm zu sagen. Also tue ich die Arbeit, solange der Onkel ausgegangen ist, damit er es nicht merkt.

Heute Morgen, mitten am Vormittag, während ich arbeitete, hörte ich plötzlich, wie die Haustür aufgerissen und zugeworfen wurde. Und dann kam jemand die Treppe hochgerast. Und dann stürzte Cousin Willi ins Zimmer, völlig außer Atem und aufgeregt, und sein Gesicht war grau vor Angst. »Versteck mich, versteck mich!« brach es aus ihm heraus. Er rannte von Zimmer zu Zimmer, winselnd und hysterisch und schluchzend, aber er schien unschlüssig, was er tun sollte. Ich hätte ihn versteckt, wenn ich gekonnt hätte, aber im nächsten Augenblick hörte ich die Polizisten unten hereinkommen und die Stimme der Wirtin. Dann kamen sie nach oben, große starke Männer in blau. Jeder von ihnen hätte Cousin Willi mit einer Hand erwürgen können. Cousin Willi rannte hin und her wie eine in die Enge getriebene Ratte. Zwei Männer ergriffen ihn. Und dann, glaube ich, war er außer sich vor Furcht, denn ich sah, wie er seine Zähne in die Hand des Mannes schlug, der ihn festhielt. Und einer der Polizisten hieb ihm kräftig mit seinem Holzknüppel auf den Kopf, und er fiel schlaff zu Boden. So, wie er war, zogen sie ihn die Treppe hinunter, und ich folgte ihnen nach unten. Aber es gab nichts, was ich hätte tun können. Ich sah, wie sie Cousin Willi in einen geschlossenen schwarzen Wagen hoben, der an der Haustür stand. Um ihn herum hatte sich bereits eine ganz ansehnliche Menschenmenge versammelt. Alle waren ganz aufgeregt und gierig, als wäre das eine Theatervorstellung. Und dann fuhren sie mit ihm weg. Und ich ging hinein. Ich ging nach oben und setzte mich in Onkel Wilhelms Zimmer. Aber ich konnte nicht mehr arbeiten.

Etwas später kam Mr. Peters ins Haus – ich weiß

nicht warum, weil er nicht wegen des Eises kam, er hatte seinen anderen Anzug an. Er kam nach oben, setzte sich und erzählte mir, was passiert war. Es war unziemlich, ihn in Onkels Schlafzimmer zu empfangen, aber ich war so aufgeregt, daß ich nicht darauf achtete. Mr. Peters war mit seinem Eiswagen in unserer Straße gewesen, als die Polizei kam, obwohl ich ihn nicht gesehen hatte. Aber er sah mich in der Tür stehen. Und ich glaube, er ist nach Hause gegangen, hat sich umgezogen und ist zurückgekommen. Aber ich fragte ihn nicht.

Er erzählte mir, daß Cousin Willi einen Mann niedergestochen hatte, oder zumindest einen Jungen, der in einem Juweliergeschäft angestellt war. Und daß dieser Junge vielleicht sterben würde. Cousin Willi, sagte Mr. Peters, hat fast die ganze Zeit, seit wir angekommen sind, gestohlen, und die Polizei hat ihn beobachtet. Er hat das nicht gewußt und war leichtsinnig geworden. Und an diesem Morgen ging er im hellen Tageslicht in ein Juweliergeschäft oder Leihhaus, in dem nur ein Junge aufpaßte. Und der Junge war ein Krüppel. Cousin Willi hatte geplant, die Sachen unter seinem Mantel zu verstecken und hinauszuschleichen. Aber der Junge sah, was er tat, und schrie. Und als Cousin Willi versuchte, aus dem Laden herauszukommen, humpelte er zur Tür und warf sich ihm in den Weg. Und dann stach ihn Cousin Willi mit seinem Fahrtenmesser nieder. Es war das Messer, das ich in seinem Zimmer gesehen hatte, und dann lief er weg. Aber dann gab es schon ein großes Geschrei, und die Leute verfolgten ihn. So haben sie ihn leicht gefangen.

Mr. Peters erzählte mir das alles, aber er konnte nicht lange bleiben und mußte wieder gehen. Er sagt, er sieht zu, was sich für Cousin Willi tun läßt. Aber ich habe die Befürchtung, Cousin Willi tut ihm nicht besonders leid. Aber nachdem Mr. Peters gegangen war, mußte ich weiter über alles nachdenken. Und in meinen Augen hat Cousin Willi keine echte Chance in seinem Leben gehabt. Die gewöhnlichen Leute werden in der Furcht vor Gefängnis und Bestrafung erzogen, und sie lernen, was sie tun sollen. Aber Cousin Willi ist als Prinz erzogen worden und war über Gefängnisse und solche Dinge erhaben. Jedenfalls sah er ganz unbedeutend und elendiglich aus, als ihn die großen Männer ergriffen.

Später am Tag kam Onkel Wilhelm nach Hause, und ich mußte ihm alles über Cousin Willi erzählen. Ich hatte befürchtet, er würde sich schrecklich aufregen. Aber er war sehr viel weniger beunruhigt, als ich gedacht hatte. Es ist wirklich ganz wunderbar, wie der Onkel seine Gedanken von den Dingen lösen kann.

Ich erzählte ihm, daß Mr. Peters gesagt hat, Cousin Willi müsse nach Sing-Sing. Und der Onkel sagte: »Ha, eine Festung?« Ich sagte ihm, daß ich das annähme. Danach fragte er, ob Cousin Willi zu der Zeit in Uniform gewesen sei. Und als ich das verneinte, sagte der Onkel. »Das mag es schwieriger machen.« Natürlich hat Cousin Willi, seit wir in Amerika sind, keine Uniform und trägt auch keine. Aber ich stelle fest, daß Onkel Wilhelm beginnt, unser altes Leben mit dem Leben hier durcheinander zu bringen, und manchmal verwirrt und verwundert zu sein scheint. Jedenfalls wäre das der Eindruck, den andere Leute von ihm haben könnten. Er redete eine ganze Weile weiter darüber, was passiert war, und er sagte, daß es im Zabernfall einen genauen Präzedenzfall zu diesem Ereignis (so nannte er es) gab. Ich kann mich nicht mehr gut daran erinnern. Es ist Jahre her, noch vor dem Krieg. Aber Onkel Wilhelm sagte, daß es ein ähnlicher Fall gewesen wäre: ein Offizier hatte sich in der Situation befunden, sein Schwert durch einen Krüppel zu stoßen (nur einmal sagte der Onkel), um sich den Weg auf dem Bürgersteig freizumachen. Der Onkel erwähnte noch eine Menge anderer Fälle, in denen Schwerter durch Zivilisten gestoßen wurden. Aber er sagte, dies sei der beste.

Abends kamen Cousin Ferdinand und Onkel Heinrich herüber. Onkel Heinrich schien sehr gedrückt und depressiv wegen dem, was passiert war. Er sagte wenig. Aber Cousin Ferdinand war sehr aufgeregt und böse. Er sagte, was nützte ihm seine Ehrenhaftigkeit und sein Fleiß, wenn er auf diese Art und Weise in Ungnade fällt. Er fragte, was bringt ihm seine geschäftliche Integrität, wenn er einen Cousin ersten Grades in Sing-Sing hat. Er sagte, sollte es bekannt werden, daß er dort einen Cousin hat, würde ihn das mit seinen besten Geschäften in unabsehbarem Ausmaß schädigen. Aber später wurde er ruhiger und sagte, mit einem bestimmten Teil seiner geschäftlichen Beziehungen könnte es auch umgekehrte Wirkung haben. Cousin Ferdinand hat sehr großes Interesse an dem, was hier Werbung heißt. Eine Sache, sagt er, die alle Könige studieren sollten. Und, nachdem seine erste Verärgerung überwunden war, entschied er, daß die Tatsache, daß Cousin Willi in Sing-Sing war, für ihn eine gute Werbung war. Das könnte ihm eine Reihe neuer Geschäftsabschlüsse einbringen, sagte er. Besonders, wenn bekannt würde, daß er sich geweigert hatte, Cousin Willi in irgendeiner Weise zu helfen oder noch irgendetwas mit uns anderen zu tun zu haben, und uns auch kein Geld geben wollte. Er sagte, dies sei ein Gesichtspunkt, den die Leute respektieren und bewundern könnten.

Also sagte er, bevor er nach Hause ging, wir sollten nicht erwarten, von ihm nochmal etwas zu hören. Außer, die Dinge würden sich auf irgendeine Art klären, in diesem Falle käme er zurück.

V. KAPITEL

Lange Zeit, fast drei Monate, habe ich meinen Memoiren nichts hinzugefügt. Ehrlich gesagt finde ich es hier sehr schwer, Memoiren zu schreiben. Erst einmal ist das etwas, was hier niemand zu tun scheint. Mrs. O'Halloran erzählt mir, sie denkt überhaupt nie daran, ihre Memoiren zu schreiben. Im Potsdamer Schloß war das anders. Wir alle schrieben Memoiren: Eugenia von Pless, Cäcilia und ich, wir alle taten es. Wir hatten alle unsere Memoirenbücher mit silbernen Schlössern und Schlüsseln. Wir wurden so erzogen, denn es half uns zu begreifen, wie wichtig alles war, was wir taten, und wie wichtig alle Leute um uns herum waren. Es war wunderbar, zu begreifen, daß man im alten Leben jeden Tag große Gestalten der Weltgeschichte traf, wie zum Beispiel Fürst Rasselwitz-Windischkopf, den Großfalkner von Reuss und den Großherzog von Schlitz-im-Mein, und den Feldmarschall Topoff, den Oberbefehlshaber der Armee von Schwarzburg-Rudolstadt. Solche Gestalten gibt es in Amerika nicht.

Aber ein anderer Grund, warum ich nicht geschrieben habe, ist, daß es uns so schlecht ergangen ist. Onkel Wilhelm hat immer noch keine Arbeit. Und er scheint älter zu werden und von Tag zu Tag immer gebrochener und merkwürdiger in dem, was er erzählt. Er sieht sehr schäbig aus, trotz allem, was ich mit meiner Nadel tun kann. Aber er wird immer schwülstiger und eingebildeter. Einige der unverschämt aussehenden jungen Flegel in diesem Boarding Haus haben ihn »der Kaiser« getauft, das ist komisch, daß sie sich ausgerechnet das ausgedacht haben. Sie bringen ihn aus seiner Rede, und wenn sie ihn treffen, salutieren sie zum Scherz, was der Onkel mit großer Würde entgegnet. Viele Leute aus den benachbarten Straßen haben das aufgenommen, und wenn sie den Onkel daherkommen sehen, grüßen sie militärisch. Dem Onkel schmeichelt das, und es macht ihn ganz stolz, wenn er durch die Straßen geht. Er beantwortet jeden Gruß mit einer Art militärischer Verbeugung.

Er ist ganz glücklich, wenn er draußen ist, und erklärt mir mit seinem Stock die Pläne, die er für den Umbau von New York hat, und für die Umkehrung des Hudson, um ihn in die andere Richtung fließen zu lassen. Aber wenn er hereinkommt, verfällt er in die schrecklichste Depression, und manchmal höre ich ihn abends in seinem Zimmer bis spät in die Nacht auf und ab gehen. Zwei- oder dreimal hatte er dieselben fürchterlichen Anfälle wie während der Überfahrt auf dem Schiff, jedesmal dann, wenn ein starker Wind vom Ozean her weht und auf dem Meer ein großer Sturm tobt.

Da der Onkel weder Arbeit noch sonst eine Position hat, werden wir immer ärmer und ärmer. Cousin Willi ist in die Festung Sing-Sing gebracht worden, und Cousin Ferdinand tut so, als würde er uns nicht mehr kennen, obwohl er, nach allem, was wir so hören, wunderbar in seinem Bekleidungsunternehmen weiterkommt und in Kürze ein neues großes Geschäft eröffnen wird. Dort wird er Geschäftsführer. Cousin Karl ist nun der Dritte Assistenzoberkellner im King George Hotel. Und in den Kreisen, in denen er sich bewegt, ist es unmöglich für ihn, irgendeine Verbindung zu uns zuzugeben. Ich weiß nicht, was wir tun würden, wenn es Onkel Heinrich nicht gelänge, genug von seinem Lohn abzugeben, damit wir für unsere Unterkunft und Mahlzeiten bezahlen können. Onkel Heinrich hat sein Schifffahrtsexamen abgelegt und jetzt einen ganz hohen Befehlsbereich übertragen bekommen, Bootsmann heißt das. Sie haben sich geweigert, sein deutsches Admiralspatent anzuerkennen, deshalb mußte er hart lernen. Aber er hat letztlich seine Qualifikation bekommen und ist nun verantwortlich für lange Kanalfahrten.

Ich bin froh, daß sich Onkel Heinrichs Befehlsbereich über die Kanäle und nicht über die hohe See erstreckt. Das macht es deutscher. Natürlich hatte Onkel Heinrich hervorragende Erfahrung auf dem Nord-Ostsee-Kanal während der ganzen vier Kriegsjahre. Und das wird sich auszahlen. Jetzt geht er also auf große Fahrten, manchmal zwei, drei Wochen an einem Stück. Während der ganzen Zeit ist er für sein Boot allein verantwortlich und muß die ganze Navigation ausarbeiten. Manchmal lädt Onkel Heinrich Ziegel, manchmal Sand. Er sagt, das sei eine große Verantwortung, für die Sicherheit einer ganzen Schiffsladung Ziegel oder Sand Rede und Antwort stehen zu müssen. Es unterscheidet sich sehr von dem, was er in der deutschen Marine getan hat, wo es nur um Matrosen ging (die meiste Zeit über hatten wir viele davon, wie ich Onkel Wilhelm und Onkel Heinrich sagen hörte), aber hier mit Ziegeln und Sand ist das schon anders. Onkel Heinrich sagt, wenn sein Boot unterginge, würde er seinen Job verlieren. Schon allein dadurch ist dies hier ganz etwas anderes als königlicher Admiral zu sein.

Aber Onkel Wilhelm hat während der letzten drei Monate erst bei der einen, dann bei der anderen Sache versagt. Nachdem alle seine Pläne, Bilder zu verkaufen, nichts wurden, hat er sehr zögerlich beschlossen, Geschäftsmann zu werden. Er ist zu dieser Entscheidung erst nach langem ängstlichen Überlegen gekommen, denn natürlich ist der Eintritt in die Geschäftswelt eine Degradierung. Das bedeutet, Geld dafür zu nehmen, daß man etwas tut. Und dem, so sagt Onkel Wilhelm, kann kein Fürst zustimmen. Aber schließlich hat der Onkel nach reiflicher Überlegung gesagt: »Der Würfel ist gefallen.« Er hat sich hingesetzt und einen Brief geschrieben, in dem er anbot, den Vorsitz der United Steels Corporation zu übernehmen. Wir verbrachten zwei oder drei bange Tage und warteten auf Antwort. Der Onkel war fest entschlossen und wiederholte immerzu: »Ich habe meine Hand danach ausgestreckt, und ich werde es tun.« Aber ich war mir sicher, es tat ihm leid, und er war sehr erleichtert, als endlich die Antwort kam. Es hatte Tage gedauert. Die Gesellschaft sagte, sie würden sich weiter so durchschlagen, wie sie seien. Der Onkel erklärte mir, was »sich durchschlagen« heißt, und er sagte, er bewundere ihre Einstellung. Aber damit war auch alles Reden über seinen Eintritt ins Geschäftsleben beendet. Und ich bin sicher, wir waren beide froh darüber.

Danach beschloß Onkel Wilhelm, daß es nun für mich notwendig wäre, zu heiraten, damit unser Vermögen wieder hergestellt würde. Und er beschloß, mich dem Gouverneur eines der Staaten anzubieten. Er fragte mich, ob ich wegen des Staates irgendeine besondere Vorliebe hätte, und ich verneinte das. Natürlich hätte ich nicht einen Gouverneur heiraten wollen. Aber ich kannte meint Pflicht gegenüber Onkel Wilhelm und sagte nichts. Onkel Wilhelm holte also die Karte der Vereinigten Staaten und beschloß, mich mit dem Gouverneur von Texas zu verheiraten. Er sagte mir, ich hätte zwei Wochen Zeit, meinen Vorrat an Haushaltswäsche und meine Aussteuer zur Mitnahme nach Texas vorzubereiten. Und er schrieb sofort an den Gouverneur. Er zeigte mir, was er geschrieben hatte, und es war ein sehr formeller Brief. Ich glaube, Onkels Geist wird immer verwirrter darüber, wo er ist und was er ist. Er schrieb ganz auf die alte Art und ich bemerkte, daß er mit »Dein Bruder, Wilhelm« unterschrieb. Vielleicht haben wir deshalb keine Antwort auf den Brief bekommen. Der Onkel schien das alles sehr schnell zu vergessen, und ich war froh darüber – und darüber, dem Hof von Texas entkommen zu sein.

Während dieser ganzen Zeit ist Mr. Peters sehr nett gewesen. Er kommt jeden Tag mit dem Eis ins Haus. Und manchmal, wenn Onkel Heinrich da ist, kommt er und raucht abends mit ihm. Eines Tages brachte er einen wunderschönen Strauß Chrysanthemen für Onkel

Wilhelm mit, an einem anderen Tag einen schönen Strauß Veilchen für Onkel Heinrich. Und eines Sonntags hat er uns mit einem seiner Eispferde zu einer schönen Ausfahrt in einer Kutsche, die Buggy heißt, eingeladen. Sie hatte drei Sitze. Onkel Wilhelm saß mit Mr. Peters auf der Kutschbank, und Onkel Heinrich und Cousin Ferdinand (es war das letzte Mal, daß er zu uns kam), saßen hinter ihnen, und hinten gab es noch einen kleinen Sitz, da saß ich. Es war eine schöne Fahrt. Onkel Wilhelm zeigte Mr. Peters alle Sehenswürdigkeiten, Cousin Ferdinand rauchte dicke Zigarren und erzählte Onkel Heinrich alles über das Tuchgeschäft, und ich hörte allen zu und genoß es wirklich sehr. Aber ich hatte nachher die Befürchtung, daß es etwas kühn und unkonventionell war, vielleicht hatte Mr. Peters den Eindruck, er habe zuviel verlangt, denn er hat mich nicht noch einmal zu einer Ausfahrt eingeladen. Aber er ist immer sehr nett und aufmerksam.

Eines Samstagnachmittags kam er zu uns. Er war fälschlicherweise davon ausgegangen, daß Onkel Wilhelm und Onkel Heinrich da waren, aber sie waren nicht da. Und er war so merkwürdig und verlegen, daß ich sicher war, er hatte vor, etwas zu sagen. Das machte mich furchtbar nervös und verwirrte mich. Schließlich sagte er ziemlich plötzlich, da wäre etwas, das er mich fragen wollte, vorausgesetzt, ich würde nicht denken, er nähme sich Freiheiten heraus. Mein Atem stockte, und ich konnte nicht sprechen, und dann fuhr er fort und bat, uns fünfundzwanzig Dollar leihen zu dürfen. Er wurde sehr rot, als er das sagte. Und er fing an, das Geld auf dem Sofa hinzuzählen. Doch irgendwie hatte ich nicht erwartet, daß es sich um Geld handelte, und fing an zu weinen. Aber ich sagte Mr. Peters, daß wir natürlich nicht daran denken würden, Geld anzunehmen. Und ich bat ihn, es wieder einzustecken. Dann versuchte ich ihm zu erzählen, welche Überwindung es micht kosten würde, ihn zu bitten, Arbeit für Onkel Wilhelm zu beschaffen. Aber ich mußte wieder weinen. Mr. Peters kam zu meinem Sessel herüber, griff nach der Lehne und sagte mir, ich solle nicht weinen. Irgendwie durchlief es mich, als er die Sessellehne so festhielt, und, obwohl ich wußte, daß es falsch war, ließ ich ihn gewähren, ließ ihn sogar die Polsterung streicheln. Und ich weiß nicht, was sonst noch alles passiert wäre, wenn nicht in derselben Minute Onkel Wilhelm hereingekommen wäre. Er war überaus höflich zu Mr. Peters und gab seinem Bedauern Ausdruck, daß er nicht da gewesen war, und sagte, es müsse doch sehr depremierend für Mr. Peters gewesen sein, daß er nicht zuhause gewesen war, und dankte ihm, daß er es auf sich genommen hatte, auf ihn zu warten. Kurz darauf ging Mr. Peters.

Am nächsten Tag.

Mr. Peters kam heute Morgen zurück und sagte, er hätte Arbeit für Onkel Wilhelm gefunden. Ich war sehr erfreut. Er sagte, der Onkel würde einen erstklassigen »Straßenverkäufer« abgeben. Und er sagte weiter, er habe für ihn eine Warenkollektion zusammengestellt, und daß er ein »Revier« hätte, das der Onkel übernehmen könne. Er zeigte mir einen flachen Karton mit Bleistiften, Schuhriemen, kleinen Abzeichen und Knöpfen mit Aufschriften. Er sagte, das sei eine »Kollektion«, und daß der Onkel diese Kollektion nehmen und ganz wunderbar damit weiterkommen könne. Ich verstehe noch nicht, wer die Ernennung zum Straßenverkäufer vornimmt oder welcher Einfluß da geltend gemacht wird oder was es heißt, ein Revier zu haben. Aber Mr. Peters erklärte, daß da ein Mann als Straßenverkäufer aufhörte und daß der Onkel seinen Platz einnehmen und beide Seiten der Bowery haben könne, was wirklich sehr nett klingt.

Zuerst verstand ich es nicht, weil Mr. Peters sehr zögerte, mir zu erzählen, daß, wenn der Onkel diese Ernennung bekommt, es bedeutet, er würde Sachen auf der Straße verkaufen. Aber sobald ich das verstanden hatte, dachte ich, Onkel Wilhelm würde es als unwürdig ablehnen, so etwas zu tun, denn es wäre genauso degradierend wie Vorsitzender der Steel Corporation zu sein. Ich war also ziemlich überrascht, als ich sah, daß der Onkel, als er kam, das gar nicht so sah. Er schaute sich die Schachtel mit den Knöpfen und Sachen an und sagte sofort: »Ha! Rangabzeichen. Eine exzellente Idee.« Er nahm einen dummen kleinen Knopf mit dem Motto »Willkommen in New York« heraus und sagte: »Bewundernswert! Das soll die Erste Klasse sein.« Und dann war da noch ein kleiner Blechlöffel, auf dem »Souvenir aus der Bowery« stand, den deklarierte er zur Zweiten Klasse. Er begann, alles in der Schachtel zu sortieren und umzusortieren, genauso wie er Orden und Auszeichnungen im Palast sortiert hatte. Nur waren das richtige Sachen, wie der Orden der Roten Feder oder die Insignien der Schwarzen Ente, und dieses hier war nur billiger Blechflitter. Aber ich konnte sehen, daß der Onkel den Unterschied nicht mehr kennt, und als seine Finger diese dummen Sachen betasteten, zitterte er arg und war ganz begierig darauf anzufangen, wie ein Kind, das auf den nächsten Tag wartet.

VI. KAPITEL

Es ist nun fast ein Jahr her, seit ich an meinen Memoiren geschrieben habe. Und ich füge nur noch etwas hinzu, weil viele Dinge passiert sind, die dazu führen, daß ich nie wieder schreiben werde. Mr. Peters und ich haben letzten Herbst geheiratet. Er fragte mich an dem Tag, als er die Lehne meines Sessels in dem Boarding Haus festhielt, in dem wir damals lebten, ob ich ihn heiraten würde. Zuerst glaubte ich, der Onkel würde das nicht erlauben, wegen des hoffnungslosen Standesunterschieds. Aber es stellte sich heraus, daß das überhaupt keine Schwierigkeit war. Der Verstand des Onkels war immer so wunderbar, daß er für alles einen Ausweg fand, vorausgesetzt, er wollte das. So verlieh er Mr. Peters einen Orden, der ihn standesmäßig so beförderte, daß er sich mit mir auf einer Ranghöhe befand. Der Onkel sagte, er hätte ihn noch höher befördern können, wenn das nötig gewesen wäre. Aber in unserem früheren Leben stammte ich bloß aus einer jüngeren Linie der Familie, da war es nicht notwendig, Mr. Peters ganz nach oben zu heben. Er steht jetzt rangmäßig wie der Onkel sagt knapp unter Onkel Heinrich von Preußen und etwas über einem Erzbischof.

Es ist angenehm zu wissen, nun, da der arme Onkel Wilhelm nicht mehr ist, daß meine Heirat in seinem vollen Einvernehmen stattfand.

Aber selbst als Onkel Wilhelm seine formale Zustimmung gegeben hatte, wollte ich nicht heiraten, ohne ihn sicher zurückzulassen. Allerdings kam er von Anfang an sehr gut in seinem »Revier« in der Bowery zurecht. Und es ging ihm sehr bald gut. Jeden Morgen ging er mit seinem Bauchladen voller Abzeichen und Bleistifte und Schuhriemen hinaus, und er war auf Anhieb ein Treffer. Alle Leute kannten ihn vom Sehen, und wenn sie ihn sahen, sagten sie: »Hier kommt der Kaiser« oder »Hier kommt Old Dutch«, und häufig sammelte sich eine kleine Menge um ihn und kaufte seine Sachen. Der Onkel ging davon aus, daß er jedem, dem er seine Abzeichen verkaufte, große Würde übertrug. Aber er war sehr kapriziös, und er hatte bestimmte Knöpfe und Abzeichen, von denen er sich nur aus einem besonderen Gefallen heraus trennte oder um jemandem eine besondere Ehre zu erweisen. Der Onkel kam so gut voran, daß Cousin Ferdinand bald zu der Auffassung gelangte, es wäre wieder angebracht, ihn zu kennen, und er kam vorbei und versöhnte sich mit ihm. Dann nahm er Onkels Geld in einem Beutel mit, es war alles in kleinen Münzen, um es für ihn zu investieren.

Als mit dem Onkel dann alles in Ordnung war, heirateten Mr. Peters und ich. Und am Hochzeitsmorgen verlieh der Onkel meinem Mann den Orden, was mich sehr stolz machte. Das war vor einem Jahr. Und seither leben wir in einem sehr schönen Haus mit vier Zimmern, ganz für uns alleine, und einer Veranda hinten dran. Ich habe alle Mahlzeiten gekocht und alle Arbeiten in der Wohnung erledigt, bis auf die Zeit, als unser kleiner Sohn geboren wurde. Wir denken beide, es ist ein wunderbares Kind. Zuerst wollte ich ihn nach den Hohenzollern benennen und ihm die Namen Wilhelm Friedrich Karl Maria August Franz Felix geben. Aber irgendwie paßte das nicht hierher, und wir haben ihn einfach Joe Peters genannt. Ich glaube, das klingt besser. Onkel Wilhelm hat eine Verzichtserklärung aufgesetzt, wonach Joe jeden Anspruch auf Rückkehr auf den Thron von Preußen, Braunschweig und Waldeck aufgibt. Zuerst war ich darüber traurig, aber der Onkel sagte, daß das alle Hohenzollern getan hätten und daß es für sie genauso ein Opfer gewesen wäre wie für Joe. Aber mein Mann sagt, Joe könnte nach der Verfassung der Vereinigten Staaten Präsident werden, was ich, glaube ich, besser finde.

Letzte Woche wurde Onkel Wilhelm das Opfer eines Unfalls, der seinen Tod zur Folge hatte. Er war von seinem Revier weggegangen, dahin, wo der große Park ist, denn in diesem herrlichen Frühlingswetter wanderte er gerne umher. Er kam zu einer großen Menschenmenge, die sich versammelt hatte, um der Enthüllung eines neuen Denkmals beizuwohnen. Es heißt *»Lusitania Denkmal«* und wurde zur Erinnerung an die Menschen errichtet, die verloren gingen, als eines unserer Kriegsschiffe den englischen Kreuzer *Lusitania* bekämpfte. Viele Soldaten säumten die Straßen, und Kavallerieregimenter ritten dazwischen. Und es hat den Anschein, daß Onkel Wilhelm, als er die Menge und die Soldaten sah, von einer gewissen Neugierde näher und näher gezogen wurde. Und als er sah, wie man das große weiße Tuch vom Denkmal wegzog und er die

Inschrift *Lusitania* las, die in großen Buchstaben in den Sockel eingemeißelt ist, schrie er in plötzlicher Furcht auf und rannte zwischen die Pferde der Kavallerie und wurde niedergeritten.

Sie brachten ihn ins Krankenhaus, aber er sprach kein Wort mehr und starb am übernächsten Tag. Mein Mann wollte mich nicht zu ihm gehen lassen, da er bewußtlos war und es nichts nützte. Aber als Onkel Wilhelm gestorben war, ließen sie mich ihn sehen, wie er in seinem Sarg lag.

So, wie er da lag, schien er so ein bedauernswerter und grausiger Klumpen Lehm zu sein, und es erschien merkwürdig, daß er in seinem alten Leben die Welt so hatte quälen können, wie er es getan hatte.

Ich hatte gedacht, daß nach dem Tod von Onkel Wilhelm lange Nachrufe über ihn in den Zeitungen erscheinen würden. Jedenfalls hatte ich das in gewisser geistiger Verwirrung angenommen, da es schwer ist, sich an die Dinge, wie sie sind, zu gewöhnen und sich daran zu erinnern, daß unser altes Leben hier unbekannt ist und nur wir selbst uns kennen. Aber, obwohl ich alle Zeitungen durchsah, habe ich nichts außer einer kleinen Notiz gefunden, die ich aus einer Abendzeitung ausgeschnitten habe und die ich hier als Abschluß meiner Memoiren einklebe.

Der »Kaiser« tot

Einzigartiges Original der East Side gestorben.

*Ein einzigartiges und interessantes Original, eine vertraute Gestalt der New Yorker East Side ist mit dem Tod von William Hohen letzten Donnerstag im Armenspital von unseren Straßen verschwunden. Er wurde mit Verletzungen, die er sich bei einem Unfall während der Lusitania-Feierlichkeiten zugezogen hatte, ins Krankenhaus gebracht. Der ungefähr fünfundsechzig Jahre alte Hohen immigrierte nach den Wirren des Krieges aus Deutschland. Seit über einem Jahr war er Straßenverkäufer in der Bowery gewesen, wo er Souvenirknöpfe und kleine Schmuckstücke verkaufte. Der alte Mann scheint das Opfer einer harmlosen Geistesverwirrung gewesen zu sein, aufgrund derer er annahm, eine Person aus königlichem Geschlecht zu sein. In seiner Vorstellung verwandelte er die Schachtel mit seinen Waren in Ritterorden und Auszeichnungen des Adelstandes. Der Effekt wurde noch durch den Versuch, militärische Haltung einzunehmen, verstärkt, was, obwohl es bei einer so alten und zerlumpten Gestalt komisch aussah, des Pathos nicht entbehrte. Eine eingebildete Ähnlichkeit mit dem ehemaligen deutschen Oberhaupt hatte Hohen die Bezeichnung »*Der Kaiser*« eingebracht, auf die er außergewöhnlich stolz zu sein schien. Aber die, die Hohen vom Angesicht her kannten, versicherten uns, daß die Ähnlichkeit mit dem ehemaligen Herrscher Deutschlands, der bei all seinen Fehlern eine glänzende und imposante Erscheinung war, nur oberflächlicher Natur gewesen ist. Ach, es wäre sehr gut für die Welt gewesen, wenn das Los Wilhelm Hohenzollerns auf das Geschlecht des einfachen mitleiderregenden »*Kaisers*« der Bowery gefallen wäre.*

Bei den Bolschewisten in Berlin

Wie sich meine Leser erinnern können (aber natürlich können sie das nicht), machte ich vor zwei Jahren, mitten im Krieg, eine Geheimreise nach Berlin. Aus verständlichen Gründen war es zu der Zeit ganz unmöglich, die Methode offenzulegen, mit deren Hilfe ich die Grenze überwand. Ich bediente mich daher eines ganz üblichen literarischen Mittels und gestand, daß ich mich in einem Traum nach Deutschland hatte transportieren lassen. In diesem Zustand hatte ich mich angeblich von meinem Freund Graf Bub von Bubenstein herumführen lassen, den ich Jahre zuvor kennengelernt hatte, als er Kellner in Toronto war, um Deutschland von innen zu sehen und darüber in der alliierten Presse zu berichten.

Was ich schrieb, erregte einige Aufmerksamkeit. Die deutsche Regierung veröffentlichte deshalb ein weißes oder ein grünes Papier (ich habe vergessen, welches), um alle meine Abenteuer und Enthüllungen zu leugnen. Vielleicht fürchteten sie um das Prestige ihres eigenen Spionagesystems. In dem besagten Papier wiesen sie nach: 1. daß jede Einreise nach Deutschland in Träumen ausdrücklich durch das Oberste Heereskommando verboten worden war; 2. daß Astralleiber untersagt wären, und 3. daß es niemandem außer dem Kaiser erlaubt sei, Visionen zu haben. Sie behaupteten daher: 1. daß mein Artikel eine Fälschung war, und 2. daß er, soweit sie das wüßten, ein Witz war. Hiermit wurde die Sache ad acta gelegt, bis sie bei den allgemeinen Friedensgesprächen wiederaufgenommen werden kann.

Als ich jedoch hörte, daß es in Berlin eine Volksrevolution gegeben hatte, war ich entschlossen, eine zweite Reise zu unternehmen.

Diesmal hatte ich überhaupt keine Schwierigkeiten mit der Grenze. Ich zog einfach die Uniform eines britischen Admirals über und ging hinüber.

»Ein dreifaches Hoch der britischen Marine!« sagte der erste Beamte, den ich sah. Er warf seinen Hut in die Luft und die Bauern, die drumherum standen, brachen in Hochrufe aus. Das war meine erste Erfahrung mit der erstaunlichen Anpassungsfähigkeit dieses großen Volkes. Mir fiel auf, daß viele von ihnen kleine Anstecknadeln mit Bildern von Jellicoe* und Beatty** trugen.

Auf meine eigene Bitte hin wurde ich sofort zum nächsten Bahnhof geführt.

»Eure Exzellenz möchte also nach Berlin fahren?« fragte der Bahnhofsvorsteher.

»Ja,« antwortete ich, »ich würde gerne etwas von der Volksrevolution sehen.«

Der Bahnhofsvorsteher sah auf seine Uhr. »Diese Revolution ist vorbei,« sagte er.

*John Rushworth Jellicoe (1859–1935), im 1. Weltkrieg Oberbefehlshaber der englischen Marine und 1. Seelord der Admiralität
**David Beatty (1871–1936), im 1. Weltkrieg Chef der Großen Flotte

»Zu dumm,« rief ich.

»Überhaupt nicht. Eine viel bessere Revolution ist im Gange, bestimmt die beste Revolution, die wir jemals hatten. Sie heißt – Johann, gib mir diese Proklamation von gestern – die Arbeiter- und Soldatenrevolution.«

»Worum geht es dabei?« fragte ich.

»Die Grundidee, oder, wie wir Deutschen sagen, die fundamentale Grundbegründung,« sagte der Stationsvorsteher, ist die allumfassende Liebe. Gestern haben sie alle Führer der alten Revolution gehängt.«

»Wann kommt ein Zug?« fragte ich.

»Eure Exzellenz wird sofort einen Sonderzug bekommen, Sir,« fuhr er in einem plötzlichen Gefühlsausbruch fort, während ihm die Tränen in die Augen stiegen. »Der Anblick Ihrer Uniform ruft all unsere Dankbarkeit hervor. Meine drei Söhne haben sich bei der deutschen Marine eingeschrieben. Vier Jahre lang lagen sie gut versorgt in Kiel und haben Domino gespielt. Sie sind nun alle glücklich und zufrieden zuhause.

Wäre Ihre tapfere Marine einen Moment lang weniger wachsam gewesen, hätten diese Jungs vielleicht zur See fahren müssen. Das hatten sie noch nie getan. Möge es Gott gefallen, daß nie wieder ein deutscher Seemann zur See fahren muß,« beschloß der gute alte Mann seine Rede und nahm für einen Augenblick den Hut ab.

Meine Reise nach Berlin überspringe ich. So interessant und abwechslungsreich die Szenerie war, an der ich vorbeifuhr, so wenig gab sie mir doch Aufschluß über die wahre Situation im Land. Ich kann wahrhaftig und ohne Übertreibung sagen, daß sie mir genausoviel oder genauso wenig aufschlußreich war wie die Presseberichte unserer talentierten Zeitungskorrespondenten. Vor allem die Ernährungssituation erschien verblüffend. Ein gut situierter Kaufmann aus Bremen, der eine ganze Weile mit mir im Zug fuhr, versicherte mir, in Deutschland gäbe es mehr als ausreichend zu essen. Außer natürlich für die Armen. Ausschließlich dort gäbe es Elend. Das gleiche bestätigte mir ein preußischer Herr, der sehr einem Soldaten glich, mir aber mit einigem Nachdruck versicherte, er sei Handlungsreisender. Es gäbe keine Fälle von Hungertod, außer bei den ganz armen Leuten.

Mich verwirrte auch der Anblick der Menschen auf den Bahnhöfen und in den Städten, an denen wir vorbeifuhren. Nirgendwo gab es Uniformen oder Soldaten. Mich verwunderte allerdings die große Zahl der Handlungsreisenden, lutherischen Pfarrer, Fotografen und so weiter. Trotz ihrer unschuldigen Kleidung zeigten sie große Ähnlichkeit mit den arroganten und allgegenwärtigen Militäroffizieren, die ich bei meiner letzten Reise beobachtet hatte.

Aber ich war zu begierig darauf, nach Berlin zu kommen, um den Umständen meiner Reise detaillierte Aufmerksamkeit schenken zu können.

Als ich endlich die Hauptstadt erreichte, kam ich wie befürchtet zu spät.

»Eure Exzellenz,« sagte ein höflicher Beamter am Bahnhof, für den meine Marineuniform als Reisepaß ausreichte, »die Revolution, von der Sie sprechen, ist vorbei. Ihre Anführer wurden gestern verhaftet. Aber sie werden nicht enttäuscht werden. Es gibt eine bessere Revolution. Sie heißt die Revolution der bolschewistischen Genossen. Ihr Anführer ist gestern eingesetzt worden.«

»Ist es möglich ihn zu treffen?« fragte ich.

»Nichts einfacher als das, Exzellenz,« fuhr er fort, während ihm die Tränen in die Augen stiegen. »Meine vier Söhne – «

»Ich weiß,« sagte ich, »Ihre vier Söhne sind in der deutschen Marine. Es reicht. Können Sie mich zum Anführer bringen?«

»Ich kann und ich will es,« sagte der Beamte. »Er sitzt im Freien Palast aller Deutschen, der ursprünglich durch die Hohenzollern-Tyrannen usurpiert war. Die Türen sind durch Maschinengewehre bewacht. Aber ich kann Sie direkt von hier durch einen Hintereingang hinführen. Kommen Sie.«

Wir gingen aus dem Bahnhof, überquerten eine Straße und kamen durch ein Labyrinth kleiner Treppenhäuser und Flure ins Herz des großen Gebäudes, das einstmals die Büros der kaiserlichen Regierung beherbergte.

»Gehen Sie in dieses Zimmer. Klopfen Sie nicht an,« sagte mein Führer. »Auf Wiedersehen.«

Einen Augenblick später stand ich dem Chefgenossen der Bolschewisten direkt gegenüber.

Er schrak hoch als er mich sah, fing sich aber sofort wieder.

Er saß da, seine großen Stiefel auf dem Mahagonyschreibtisch, eine Zigarre im Mundwinkel. Auf dem zotteligen Haar trug er eine Schaffellmütze, sein Bart war stoppelig und unrasiert. Er war nachlässig gekleidet, und in seinem Gürtel steckte ein großes Messer. Neben ihm auf dem Schreibtisch lag ein Revolver. Ich hatte nie zuvor einen Bolschewisten gesehen, aber ich wußte sofort: das hier war einer.

»Du sagst, du warst schon einmal in Berlin?« fragte er. Und bevor ich antworten konnte, fügte er hinzu: »Wenn du sprichst, nenn mich nicht 'Exzellenz' oder 'Durchlaucht' oder irgendsowas; nenn mich nur 'Bruder' oder 'Genosse'. Dies ist das Zeitalter der Freiheit. Du bist so gut wie ich, fast jedenfalls.«

»Dankeschön,« sagte ich.

»Sei nicht so verdammt höflich,« knurrte er. »Kein guter Genosse sagte jemals 'danke'. Also, du warst schon mal in Berlin?«

»Ja,« antwortete ich, »ich war hier und schrieb *Deutschland von innen*, mitten im Krieg.«

»Der Krieg, der Krieg!« murmelte er halb winselnd, halb wimmernd. »Merk dir, Genosse, daß ich weine, wenn ich davon spreche. Wenn du irgendetwas über mich schreiben willst, paß auf, daß du sagst, ich habe geweint, wenn vom Krieg die Rede war. Wir Deutschen sind so falsch eingeschätzt worden. Wenn ich an die Verwüstung Frankreichs und Belgiens denke, weine ich.«

Er zog ein fettiges rotes Taschentuch aus seiner Hosentasche und begann zu schluchzen... »Denk nur, der Verlust all dieser englischen Handelsschiffe!«

»O, da mach dir keine Sorgen,« sagte ich, »das wird alles bezahlt werden.«

»Ich hoffe das, ich hoffe das,« sagte er Anführer der Bolschewisten. »Wir Deutschen bedauern es außerordentlich, daß wir nicht in der Lage sind, alles zu bezahlen; aber ihr Engländer – ihr seid so großzügig. Wie sehr bewundern wir eure edlen Herzen – so freundlich, so großzügig den Besiegten gegenüber...«

Seine Stimme war in eine Art Wimmern übergegangen.

Aber genau in diesem Augenblick klopfte es laut an der Tür. Der Bolschewist wischte sich hastig die Tränen aus dem Gesicht und steckte sein Taschentuch ein.

»Wie sehe ich aus?« fragte er ängstlich. »Nicht zu human, hoffe ich? Nicht zu weich?«

»O nein,« sagte ich, »ziemlich hartgesotten.«

»Das ist gut,« sagte er. »Das ist gut. Aber bin ich hartgesotten genug?«

Er fuhr sich hastig mit den Händen durch die Haare.

»Schnell,« sagte er, »gib mir das Stück Kautabak. Gut. Ja bitte.«

Die Tür schwang auf.

Ein Mann, ähnlich gekleidet wie der Anführer, stolzierte ins Zimmer. Er hielt ein Bündel Papiere in den Händen und schien so etwas wie ein Wehrminister zu sein.

»Ha, Genosse!« sagte er in vertrautem Ton. »Hier sind die Todesurteile.«

»Todesurteile!« sagte der Bolschewist. »Todesurteile für die Anführer früherer Revolutionen? Hervorragend.

Und ein ganz schönes Bündel. Ich werde sie augenblicklich unterzeichnen.«

Er begann schnell, die Urteile zu unterzeichnen, eines nach dem anderen.

»Genosse,« sagte der Minister säuerlich, »du kaust keinen Tabak!«

»Doch, doch,« sagte der Anführer, »Oder ich wollte es gerade tun.«

Er biß ein großes Stück von seinem Priem ab, mit für mich deutlich erkennbarem Abscheu, und kaute wütend darauf herum.

»So ist's gut,« sagte der andere. »Denk dran, Genosse, du wirst beobachtet. Gestern Abend wurde dem Exekutivkomitee des Brüderkreises berichtet, daß du gestern den ganzen Tag über keinen Tabak gekaut hast. Laß dich warnen, Genosse. Dies ist eine freie und unabhängige Republik. Wir stehen für keinen aristokratischen Unsinn ein. Aber wen hast du denn da?« fügte er hinzu und unterbrach seine Rede als er mich zum ersten Male wahrnahm. »Was ist das für ein Hund?«

»Still,« sagte der Anführer; »er ist ein Repräsentant der ausländischen Presse, ein Zeitungsreporter.«

»Entschuldigung,« sagte der Minister. »Ich hab dich von deiner Kleidung her für einen Fürsten gehalten. Ein Repräsentant der großen und erleuchteten Presse der Alliierten, denke ich? Wie tief bewundern wir in Deutschland die englische Presse. Laß mich dich küssen.«

»O, bemühen Sie sich nicht,« sagte ich. »Nicht der Mühe wert.«

»Wenn du in deiner Zeitung schreibst, sag aber zumindest, daß ich dir einen Kuß angeboten habe.«

Inzwischen war der Anführer mit dem Unterzeichnen der Papiere fertig. Der Minister nahm sie und schwang sich auf seinen Hacken in einer Mischung aus militärischer Verbeugung und betrunkenem Schwanken herum. »Denk dran, Genosse,« sagte er drohend, als er hinausging, »du wirst beobachtet.«

Der Bolschewistenführer sah ihm mit einem Schaudern nach. »Entschuldige mich einen Moment,« sagte er, »ich will den Tabak loswerden.«

Er stand von seinem Stuhl auf und ging zur Tür eines Hinterzimmers. Während er das tat, fiel mir etwas merkwürdig Vertrautes in seinem Gang und seiner Haltung auf. Er konnte es verbergen wie er wollte, aber in seinem schlingernden Gang lag immer noch die steife hölzerne Bewegung eines preußischen Generals. Die Haltung seines Kopfes verwies immer noch auf die Pikkelhaube des Preußen. Ohne weiteres konnte ich mir statt des Schafspelzes einen Militärmantel um seine Schultern vorstellen. Plötzlich, als er wieder ins Zimmer kam, fiel mir ein, wer er war.

»Mein Freund,« sagte ich und streckte meine Hand aus, »entschuldigen Sie, daß ich Sie nicht sofort erkannt habe. Jetzt erkenne ich Sie aber.«

»Still, sagte der Bolschewist. »Reden Sie nicht. Ich habe Sie nie in meinem Leben gesehen.«

»Unsinn,« sagte ich. »Ich habe Sie vor Jahren in Kanada kennengelernt als Sie als Kellner verkleidet waren. Und Sie waren es, der mich vor zwei Jahren durch

Deutschland geführt hat, als ich meinen Kriegsbesuch machte. Sie sind genauso wenig Bolschewist wie ich. Sie sind der General Graf Bub von Bubenstein.«

Der General sank in seinen Stuhl zurück, unter der Lage Rouge war sein Gesicht ganz blaß.

»Still,« sagte er. »Wenn sie das erfahren, bedeutet das den Tod.«

»Mein lieber Bub,« sagte ich, »nicht ein Wort wird über meine Lippen kommen.«

Der General griff nach meiner Hand. »Das ist der wahre Geist,« sagte er, »die wahre englische Kameradschaft; wie tief bewundern wir sie in Deutschland.«

»Da bin ich sicher,« antwortete ich. »Aber sagen Sie mir, was bedeutet das alles hier? Warum sind Sie ein Bolschewist?«

»Das sind wir alle,« sagte der Graf und fiel vom antrainierten rauhen Ton in ruhige Melancholie. »Wir können nur das sein. Aber kommen Sie,« fügte er hinzu, während er von seinem Stuhl aufstand, »ich habe Sie einmal durch Berlin geführt während des Krieges. Erlauben Sie mir, Sie noch einmal zu führen und Ihnen Berlin unter den Bolschewisten zu zeigen.«

»Aber herzlich gerne,« sagte ich.

»Ich werde meine Pistolen und Messer hier lassen,« sagte Bubenstein, und bitte entschuldigen Sie mich, ich werde meine Kleidung ein wenig verändern. So herumzulaufen, wie ich bin, das würde zuviel Begeisterung hervorrufen. Ich werde mit Ihnen in der schlichten Kleidung eines Gentleman ausgehen. Das ist zwar etwas riskant in Berlin, aber ich werde es wagen.«

Der Graf zog sich zurück und kam bald darauf wieder. Er trug den ruhigen, purpurnen, glockenförmigen Mantel, die einfache scharlachrote Krawatte, den erbsengrünen Hut und die weißen Gamaschen, an denen man in der ganzen Welt den deutschen Gentleman erkennt.

»Du liebe Zeit, Graf,« sagte ich, Sie sehen genau wie Bernstorff aus.«

»Still,« sagte der Graf. »Nennen Sie seinen Namen nicht. Er ist hier in Berlin.«

»Was tut er?« fragte ich.

»Er ist Bolschewist. Einer unserer Anführer. Er ist gerade zum Vorsitzenden der Straßenkehrergewerkschaft gewählt worden. Sie sagen, er sei genau der Mann dafür. Kommen Sie jetzt aber mit. Und, übrigens, wenn wir auf der Straße sind, reden Sie Englisch, und nur Englisch. Gegen Deutsch kommt ein Vorurteil auf.«

Wir gingen zur Tür hinaus und durch die weiten Flure und die Treppen des großen Gebäudes hinunter. Überall standen wild aussehende Männer in Gruppen zusammen. Alle waren wie Russen in einem Theaterstück angezogen, alle kauten Tabak und stanken nach Alkohol.

»Wer sind all diese Leute?« fragte ich den Grafen leise.

»Bolschewisten,« flüsterte er. »Wenn auch nicht ganz. Sehen Sie die Gruppe dort in der Ecke?«

»Die mit den langen Messern?« sagte ich.

»Ja. Sie sind, oder sie waren zumindest, das Orchester der Berliner Oper. Sie sind jetzt die Bolschewistische Musikkommission. Sie sind heute morgen hier, weil ihr zweiter Geiger gehängt werden soll.«

»Warum nicht der erste?« fragte ich.

»Den haben sie gestern gehängt. Beide Fälle sind ganz klar. Ohne jeden Zweifel waren die Männer für den Krieg. Zumindest einer von ihnen hat offen Präsident Wilson verunglimpft. Aber kommen Sie mit. Ich will Ihnen unsere neue Stadt zeigen.«

Wir schritten hinaus auf den großen Platz gegenüber dem Gebäude. Wie verändert war das gegenüber dem Berlin, das ich früher gekannt hatte!

Meine Aufmerksamkeit wurde sofort durch die neuen schreienden Schrifttafeln an den Geschäften und Hotels gefesselt und durch die Transparente mit Parolen, die quer über die Straße gespannt waren. Während ich sie las, fielen mir die wundervolle Anpassungsfähigkeit des deutschen Volkes und die Großzügigkeit gegenüber seinen Feinden auf. In verdächtig großen Buchstaben stand da HOTEL PRÄSIDENT WILSON und dicht daneben CABARET QUEEN MARY: ENGLISH DANCING. Der Platz selbst, den ich als *Kaiserplatz* in Erinnerung hatte, war nun umbenannt. Und auf großen Hinweisschildern stand GROSSER PLATZ DER BRITISCHEN MARINE. Nicht weit davon konnte man das RESTAURANT MARSCHALL FOCH Seite an Seite mit dem ROOSEVELT SALOON und dem BIERGARTEN GEORG V. sehen.

Aber die Veränderung der äußeren Erscheinung und der Kleidung der Menschen auf den Straßen war noch bemerkenswerter. Die Uniformen und Pickelhauben von vor zwei Jahren waren völlig verschwunden. Die Männer, die man sah, waren immer noch von deutscher

Beleibtheit, hatten immer noch schlaffe Gesichter und trugen immer noch ihre großen Monokel. Aber meistens waren sie jetzt wie russische Bauern angezogen. Andere trugen amerikanische Schlapphüte und Gehröcke aus Kentucky oder englische Zylinder und Ausgehröcke. Einige der beleibtesten trugen Schottenröcke.

»Sie sind erstaunt,« sagt Bubenstein als wir einen Moment stehenblieben und die bunte Menge betrachteten.

»Was bedeutet das?« fragte ich.

»Augenblick,« sagte der Graf. »Ich will zuerst ein Taxi rufen. Es wird bequemer sein, während der Fahrt zu reden.«

Er pfiff. Und sofort kam ein uraltes und zerfallenes Fahrzeug angerumpelt, das mich zum Lachen gebracht hätte, wenn da nicht dieser Ernst auf dem Gesicht des Grafen gestanden hätte. Das Verdeck des Transportmittels war offensichtlich schon lange abgerissen, so daß nur der Rahmen übrig blieb. Die kupfernen Befestigungen waren abmontiert. Die Reifen fehlten. Die Türen auch.

»Unser neues 1919er Modell,« sagte der Graf. Beachten Sie die Abwesenheit der altmodischen Gummireifen, die noch von weniger fortschrittlichen Völkern benutzt werden. Unsere Chemiker haben herausgefunden, daß die Benutzung von Gummireifen schlecht für das Sehvermögen ist. Bemerken Sie auch den Zeitgewinn durch die fehlenden Türen.«

»Bewundernswert,« sagte ich.

Wir setzten uns in das verrückte Fortbewegungsmittel. Der Graf flüsterte dem Chauffeur eine Adresse zu, so leise, daß ich sie nicht verstehen konnte. Und langsam rumpelten wir die Straße entlang.

»Und nun, Bubenstein, erzählen Sie mir, was dies alles bedeutet, die fremden Schilder und die merkwürdigen Kostüme,« sagte ich.

»Mein lieber Herr,« antwortete er, »es ist nur eine weitere Bestätigung unserer deutschen Anpassungsfähigkeit. Nachdem wir die Welt nicht durch einen Krieg erobern konnten, beabsichtigen wir nun, sie durch die Kunst des Friedens zu erobern. Die Leute, die Sie in Schottenröcken sehen, sind Mitglieder unserer Highland Gesandtschaft, die in Kürze nach Schottland aufbrechen wird. Sie hatten den Auftrag, den Schotten die gute Nachricht zu überbringen, daß der Krieg der Vergangenheit angehört. Und daß das Deutsche Volk alle Übeltaten verzeiht und bereit ist, eine Warenkollektion per Katalog anzubieten.«

»Wundervoll,« sagte ich.

»Nicht wahr?« sagte von Bubenstein. »Wir nennen es die *Von Deutschland aus* – Bewegung. Sie wurde von unserem *Schritt von unten* – Komitee bis ins Detail organisiert. Demzufolge sind bereits vier Millionen deutsche Wähler verpflichtet worden, den Krieg zu vergessen und den Alliierten zu vergeben. Unser Hauptanliegen ist es, unsere Hände auf die Bösewichte zu legen, die diesen Krieg angezettelt haben, ungeachtet ihrer Stellung, und sie nach einem fairen Prozeß, oder möglichst vorher, hinzurichten.«

Der Graf sprach mit großer Aufrichtigkeit und großem Ernst.

»Aber kommen Sie mit,« fügte er hinzu. »Ich möchte Sie durch die Stadt fahren und Ihnen einige der herausragenden Erscheinungen unseres neuen nationalen Wiederaufbaues zeigen. Wir können uns unterwegs unterhalten.«

»Aber von Bubenstein,« sagte ich, »Sie sprechen von denen, die den Krieg führten. Sie waren doch sicher alle dafür?«

»Dafür! Wir waren alle dagegen.«

»Aber der Kaiser,« protestierte ich.

»Der Kaiser, mein armer Herr! Wie er sich bemüht hat, den Krieg zu verhindern! Tag und Nacht; sogar bevor noch irgendjemand anderes davon gehört hatte. ‘Bub,‘ sagte er eines Tages mit Tränen in den Augen zu mir, ‘dieser Krieg muß beendet werden.‘ ‘Welcher Krieg, Euer Durchlaucht?‘ fragte ich. ‘Der Krieg, der nächsten Monat beginnen wird,‘ antwortete er. ‘Ich zähle auf Sie, Graf Bubenstein,‘ fuhr er fort, ‘Zeugnis darüber abzulegen, daß ich mein Äußerstes tue, ihn zu verhindern, bevor die englische Regierung davon gehört hat.‘«

Während wir so redeten, hatte uns unser Taxi aus dem Lärm und Geschrei der Hauptstraße in die Ruhe einer Seitenstraße gebracht. Es hielt nun vor der Tür einer bescheidenen Behausung. Im Fenster sah ich ein großes gedrucktes Schild mit der Aufschrift:

PFARRER TIBBITS
Privatunterricht:
Englisch, Navigation und andere Fächer

Wir gingen hinein und wurden von einem Bediensteten in einen kleinen Raum geführt. Dort saß ein ehrbar aussehender Herr, offenbar ein lutherischer Pfarrer, in einer Ecke am Schreibtisch. Er drehte sich um, als wir eintraten, und sprang angesichts meiner Uniform mit einem kräftigen und unerwarteten Fluch in die Höhe.

»Es ist in Ordnung, Admiral,« sagte Graf von Bubenstein. »Mein Freund ist in Wirklichkeit kein Seemann.«

»Ah!« sagte der andere. »Entschuldigen Sie bitte, aber der Anblick dieser Uniform läßt mich immer hochschrecken.«

Er kam nach vorne, um uns die Hand zu geben. Als das Licht auf ihn fiel, erkannte ich in ihm den großen alten Seemann, vielleicht den größten Seemann, den Deutschland je hervorgebracht hat und hervorbringen wird, Admiral von Tirpitz.

»Mein lieber Admiral!« sagte ich warm. »Ich dachte, sie wären außer Landes. Unsere Zeitungen berichteten, daß Sie zur Erholung in die Schweiz gereist seien.«

»Nein,« sagte der Admiral. »Ich bedauere sagen zu müssen, daß es mir unmöglich ist wegzukommen.«

»Ihre alliierte Presse,« warf der Graf ein, »hat unsere deutschen Patrioten aufs Schärfste verleumdet. Es wurde berichtet, sie hätten das Land verlassen. Wem konnten sie sich besser anvertrauen als dem Schoße des eigenen Volkes? Haben Sie den Fahrer unseres Taxis erkannt? Es war der ehemalige Kanzler von Hertling. Haben Sie die dicke Frau mit dem Obstkarren an der Ecke gesehen? Frau Bertha Krupp von Bohlen. Alle sind hier.

Aber nun Admiral, unser Besucher hier ist sehr an unseren Plänen zum Wiederaufbau des Vaterlandes interessiert. Ich dachte, Sie würden ihm vielleicht gerne Ihre Pläne für die neue deutsche Marine zeigen.«

»Eine neue Marine!« rief ich, während meine Stimme das Erstaunen und die Bewunderung ausdrückte, das ich empfand. Hier war dieser Seemann, der gerade eine ganze Marine verloren hatte, und stellte mit aller Kraft eine neue auf.

»Aber wie kann Deutschland denn überhaupt im jetzigen Zustand das Geld zum Bau neuer Schiffe finden?«

»Es wird keine Schiffe geben,« sagte der Admiral. »Das war der Kardinalfehler in der Vergangenheit – darauf zu bestehen, Schiffe in der Marine zu haben. Schiffe, das hat uns der Krieg gezeigt, sind völlig unnötig für den deutschen Plan. Sie gehören nicht zu dem, was ich die Deutsche Idee nenne. Die neue Marine wird im Landesinneren gebaut werden. Sie wird auf Pfähle gehoben und wird aus...«

Genau in diesem Augenblick drang von der Straße her großer Lärm herein, Schreien und Rufen und ein plötzlicher Tumult.

»Es kommt jemand,« sagte der Admiral hastig. »Geben Sie mir meine Bibel.«

»Nein, nein,« sagte der Graf und griff nach meinem Arm. »Der Lärm kommt vom großen Platz. Da ist etwas passiert. Wir müssen sofort zurück.«

Er zog mich aus dem Haus. Sobald wir wieder auf der Hauptstraße waren, erkannten wir am aufgeregten Verhalten der Menge und den ängstlichen Gesichtern der hin und her rennenden Leute, daß etwas von großer Wichtigkeit passiert sein mußte.

Jeder fragte jeden Vorbeilaufenden: »Was ist los? Was ist passiert?« Heruntergekommene Taxis, wie das, in dem wir gefahren waren, kämpften sich so gut es ging durch die überfüllte Hauptstraße und bewegten sich offenbar in Richtung der Regierungsgebäude.

»Schnell, schnell!« sagte von Bubenstein und preßte meinen Arm.

»Oder wir werden zu spät kommen. Es ist, wie ich befürchtet habe.«

»Was ist denn? Was ist denn los?« sagte ich.

»Ich Narr,« sagte der Graf, »wie konnte ich nur dieses Gebäude verlassen. Ich hätte es wissen müssen. Und in diesem Aufzug bin ich hilflos.«

Wir kämpften uns so gut es ging durch die Menschenmenge, die in eine Richtung zu drängen schien. Der Graf, offensichtlich in tiefsten Befürchtungen, sprach mit sich selbst und verwünschte seine Unvorsichtigkeit.

Wir bogen um eine Straßenecke und kamen an den Rand des großen Platzes. Dort war ein riesiger Menschenauflauf. Gerade als wir ankamen, brach die Menge in Jubelschreie aus. Über die Köpfe der Leute hinweg konnten wir sehen, daß ein Mann auf dem Balkon des Regierungsgebäudes erschienen war. Er hielt ein Papier in der Hand. Offenbar war sein Erscheinen das Signal für den Jubelschrei und das begleitende Wedeln von Taschentüchern gewesen. Der Mann hob seine Hand mit einer Geste der Autorität. Deutsche Erziehung wirkt nachhaltig.

Sofort verfiel die Volksversammlung in Stille. In der vorübergehenden Pause hatten wir Zeit, die Gestalt auf dem Balkon, soweit die Entfernung das erlaubte, näher in Augenschein zu nehmen. Der Mann trug einen blauen Arbeitsanzug. Er war ohne Kopfbedeckung. Soweit wir sehen konnten, war er nicht mehr ganz jung, aber sein Körper war robust und kräftig. Dann begann er zu sprechen.

»Freunde und Genossen!« rief er mit lauter Stimme, die über den Platz hallte. »Ich habe anzukündigen, daß eine Neue Revolution stattgefunden hat.«

Ein wilder Jubel ging durch das Volk.

»Die Bolschewistische Revolution ist gestürzt. Die Bolschewisten sind Aristokraten. Laßt sie sterben.«

»Dem Himmel sei Dank für dieses Kostüm!« hörte ich Graf Bubenstein neben mir murmeln. Dann ergriff er seinen erbsenfarbenen Hut und schwenkte ihn in der Luft: »Nieder mit den Bolschewisten!« rief er.

Überall um uns herum wurde der Ruf aufgenommen. Überall in der Menge sah man Männer sich die Schaffelljacken vom Leibe reißen und mit dem Schrei »Nieder mit dem Bolschewismus!« darauf herumtrampeln. Zu meiner großen Überraschung bemerkte ich, daß die meisten Männer unter ihren russischen Kostümen blaue Overalls trugen. In wenigen Augenblicken schien die Menge zu einer riesigen Masse Mechaniker geworden zu sein.

Der Sprecher hob wieder seine Hand. »Wir haben noch nicht entschieden, was die neue Regierung sein wird – «

Ein Jubelruf der Leute.

»Wir werden auch nicht ankündigen, wer ihre Anführer sein werden.«

Erneuter Jubel.

»Aber das können wir sagen. Es wird eine freie, universale alldeutsche Regierung der Liebe.«

Jubel.

»In der Zwischenzeit seit gewarnt. Wer immer dagegen spricht, wird erschossen. Jeder, der einen Finger dagegen rührt, wird gehängt. Eine Proklamation der Brüderlichkeit wird überall in der Stadt angebracht. Wer es wagt, sie anzufassen, sie zu diskutieren oder sie anzusehen, oder wer dabei erwischt wird, sie zu lesen, der wird an einem Laternenpfahl aufgehängt.«

Lauter Applaus begleitete diesen Teil der Rede. Die Gesichter der Leute waren zu meinem großen Erstaunen von ehrlicher Erleichterung gekennzeichnet und glänzten vor nicht zu übersehender Begeisterung.

»Und nun,« fuhr der Sprecher fort, »befehle ich Euch, Ihr Hunde, auseinanderzugehen. Bewegt Euch schnell, Schweine, die Ihr seid, oder wir müssen das Feuer auf Euch mit Maschinengewehren eröffnen.«

Mit einem letzten Jubelgeschrei brach die Menge auseinander und verlief sich, wie ein großes Theaterpublikum. Überall hörte man Freude und Genugtuung. »Hervorragend! Wunderschön! Er nennt uns Hunde. Das ist großartig. Schweine, hast du gehört, wie er Schweine sagte? Das ist endlich eine deutsche Regierung.«

Dann erschien die stämmige Gestalt erneut für einen Augenblick auf dem Balkon.

»Ein letztes Wort!« rief er der aufbrechenden Menge zu.

»Ich habe versäumt zu sagen, daß alle Mitglieder der alten Regierung bis auf einen gefaßt sind. Sobald es uns gelingt, unsere Daumen auf den Oberanführer zu legen, seid versichert, wir werden ihn hängen.«

»Hurrah!« rief Bubenstein und schwenkte seinen Hut in der Luft. Dann flüsterte er mir zu: »Lassen Sie uns gehen, solange wir es noch können.«

Wir hasteten so schnell und unauffällig wie möglich durch die sich auflösende Menge und bogen in eine Seitenstraße. Auf ein Zeichen des Grafen betraten wir ein kleines Cabaret oder eine Bar. Sie war umbenannt, denn das Schild lautete: CAFÉ ZUM RUHM DER BRITISCHEN KOLONIEN.

Mit einem tiefen Seufzer der Erleichterung bestellte der Graf Wein.

»Sie haben ihn natürlich erkannt?« sagte er.

»Wen?« fragte ich. »Den großen Arbeiter, der da sprach? Wer ist das?«

»Sie haben ihn also nicht erkannt?« sagte der Graf. »Nun gut, aber natürlich haben ihn alle anderen erkannt. Arbeiter! Es ist Feldmarschall Hindenburg. Das heißt natürlich, daß die alte Garde wieder zurück ist. Unten stand Ludendorff. Ich sah alles sofort. Vielleicht ist das der einzige Weg. Aber was mich betrifft, ich werde nicht zurückgehen. Ich bin zu tief kompromittiert. Es würde den Tod bedeuten.«

Bubenstein blieb für eine Weile in Gedanken versunken, seine Finger trommelten einen Marsch auf dem kleinen Tisch. Dann sprach er.

»Können Sie sich an früher erinnern, vor langer Zeit, als Sie mich kennenlernten?«

»Sehr genau,« antwortete ich. »Sie waren einer der deutschen Kellner, oder vielmehr der als Kellner verkleideten deutschen Offiziere in Mc Conkeys Restaurant in Toronto.«

»Ja,« sagte der Graf. Ich trug Bier auf einem kleinen Tablett und öffnete Austern hinter einem Wandschirm. Es war ein wunderschönes Leben. Denken Sie, mein Freund, daß Sie mir diesen Job wieder besorgen könnten?«

»Bubenstein,« rief ich, »ich kann Sie sofort wieder einstellen lassen. Das wird eine kleine Wiedergutmachung für Ihre Freundlichkeit hier in Deutschland sein.«

»Gut,« sagte der Graf. »Lassen Sie uns sofort nach Kanada losfahren.«

»Eins wäre da noch,« sagte ich. »Sie werden es wahrscheinlich nicht wissen, aber seit Sie weggingen, gibt es keine Bierkellner mehr in Toronto, weil es kein Bier gibt. Alles verboten.«

»Verstehe ich das richtig,« sagte der Graf erstaunt. »Kein Bier!«

»Nicht einen Tropfen.«

»Wein?«

»Absolut nicht. Alle Getränke, außer Wasser sind verboten.«

Der Graf erhob sich und stand aufrecht. Seine Gestalt schien die alte preußische Gradheit wiederzugewinnen. Er streckte die Hand aus.

»Mein Freund,« sagte er, »ich verabschiede mich.«

»Wohin gehen Sie,« fragte ich.

»Meine Entscheidung ist gefallen,« sagte von Bubenstein.

»Es gibt Schlimmeres als den Tod. Ich werde mich den deutschen Autoritäten unterwerfen.«

Nachmittagstee beim Sultan
Eine Studie des Wiederaufbaus in der Türkei.

Am Tag, der den Ereignissen des letzten Kapitels folgte, überraschte und erfreute mich ein Telegramm folgenden Inhalts: »Kommen Sie nach Konstantinopel und schreiben Sie auch über uns.« Der Unterschrift entnahm ich, daß die Botschaft von meinem alten Freund Abdul Aziz, dem Sultan, kam.

Ich hatte ihn während des Krieges besucht, wie sich meine Leser natürlich sofort erinnern werden. Die Umstände meiner Abreise waren allerdings so geartet, daß ich es ohne diese ausdrückliche Einladung kaum unternommen hätte, meinen Besuch zu wiederholen. Kaum hatte ich nun die Einladung empfangen, da machte ich mich per Bahn auf den Weg nach Konstantinopel.

Ich war erfreut festzustellen, daß es die neue Lage der Dinge unnötig machte, von Berlin nach Konstantinopel durch die Gebiete der barbarischen und brutalen Völker von Deutschland, Österreich und Ungarn zu reisen. Obwohl ich annehme, daß die Schienenstrecke dieselbe ist, geht der Weg nun durch die Thüringische Republik, die Tschechoslowakei und Magyarien. Es war ein Quell tiefer Genugtuung, anstelle der finster dreinschauenden und feindlichen Gestalten der Deutschen, Österreicher und Ungarn die fröhlichen und ehrlichen Gesichter der Thüringer, Tschechoslowaken und Magyaren zu sehen. Darüber hinaus wurde mir versichert, daß diese Gesichter in jeder gewünschten Weise geändert werden können, sollten sie noch nicht zufriedenstellend sein.

Es war auch sehr angenehm, wieder in den mit Steinfliesen ausgelegten Hallen des Yildiz Kiosk, des Palastes des Sultans, zu sein. Mein kleiner Freund Abdul Aziz erhob sich sofort von seinem mit Kissen bedeckten Diwan unter einem Zitronenbaum und kam in seinen großen Schlappen schlurfend auf mich zu, ein willkommenheißendes Lächeln im Gesicht. Zu meiner Überraschung strahlte er vor Glück. Die Katastrophen, die seinem armen Land von der alliierten Presse zugeschrieben wurden, schienen dem kleinen Mann eine leichte Bürde zu sein.

»Wie geht es in der Türkei?« fragte ich, als wir Seite an Seite auf den Kissen saßen.

»Hervorragend,« sagte Abdul. »Ich nehme an, Sie haben gehört, daß wir bankrott sind?«

»Bankrott!« rief ich.

»Ja,« sagte der Sultan und rieb sich die Hände in eindeutiger Freude.

»Wir können nicht einen Cent bezahlen. Ist das nicht großartig? Champagner?«

Er klatschte in die Hände und ein Diener mit Turban erschien mit einem Tablett, auf dem er in langstieligen Gläsern servierte.

»Ich hätte lieber Tee,« sagte ich.

»Nein, nein, nehmen Sie keinen Tee mehr,« protestierte er. »Wir verzichten hier praktisch auf den Nachmittagstee. Das ist ein Teil der türkischen Sparsamkeitsbewegung. Wir trinken stattdessen Champagner. Erzählen Sie, gibt es bei Ihnen in Kanada auch so eine Sparsamkeitsbewegung? Von dort kommen Sie doch, nicht wahr?«

»Ja,« antwortete ich. »Wir haben auch so eine.«

»Diese Kriegsfinanzierung ist eine herrliche Sache, nicht wahr?« fuhr der Sultan fort. »Wieviel glauben Sie schulden wir?«

»Ich habe keine Ahnung,« sagte ich.

»Warten Sie,« sagte Abdul. Er drückte eine Klingel. Und auf ihr Bimmeln hin kam mein ehrwürdiger alter Bekannter, der königliche Sekretär Zufil Kafeh in den Raum geschlurft. Aber zu meiner großen Überraschung trug er nicht mehr seinen Patriarchenbart, sein fließendes Gewand und seinen Gürtel. Er war glatt rasiert und hatte kurze Haare. Und er trug eine kurze Jacke, wie ein amerikanischer Hotelpage.

»Sie erinnern sich an Zufil, denke ich,« sagte Abdul. »Ich habe ihn, wie Sie sehen, ein bißchen wiederaufgebaut.«

»Der Friede Allahs möge auf deinem Haupte ruhen,« sagte Zufil Kafeh zum Sultan und begann eine tiefe Verbeugung. »Welcher Wunsch sitzet hinter deiner Stirne, daß du die Glocke ertönen ließest, damit diese bescheidene Lehmgestalt ins Sonnenlicht deiner Gegenwart komme. Sag mir, o Herr, ob...«

»Halt, halt,« unterbrach der Sultan ungeduldig. »Hör mit dem alten Gewäsch auf, bitte. Das alte Höflichkeitsgetue tut's nicht mehr. Nicht, wenn sich dieses Land beim Wiederaufbau befindet und Seite an Seite mit den modernen Demokratien steht. Frag mich einfach: ‘Was ist los?‘«

Zufil verbeugte sich, und Abdul fuhr fort.

»Schau in deinen Aufzeichnungen nach und sag mir, auf wieviel sich die öffentlichen Schulden in amerikanischen Dollars belaufen.«

Der Sekretär zog seine Aufzeichnungen hervor, beugte den Kopf in einiger Fassungslosigkeit über die Zahlen, die darauf gekritzelt waren. »Multiplikation ist ein Akt der himmlischen Gnade,« hörte ich ihn murmeln. »Laß mich einen Segen auf die fünf herabrufen, diese wunderbare Zahl, womit das türkische Pfund im amerikanischen Dollar aufgeht.«

Er verharrte einen Augenblick und drehte die Augen zur gewölbten Decke wie in Anbetung.

»Hast du's heraus?« fragte Abdul.

»Ja.«

»Und was schulden wir nun, alles zusammengerechnet?«

»Vierzig Milliarden Dollar,« sagte Zufil.

»Ist das nicht wunderbar?« rief Abdul und Freude strahlte über sein ganzes Gesicht.

»Wer hätte das vor dem Krieg gedacht! Vierzig Milliarden Dollar! Sind wir nicht Finanziers? Sind wir nicht das Bollwerk der Macht des Geldes. Kommen Sie in Kanada da heran?«

»Nein,« sagte ich, »kommen wir nicht. Wir schulden noch keine zwei Milliarden.»

»O, das macht nichts, das macht nichts,« sagte der kleine Mann in tröstendem Ton. »Sie sind erst ein junges Land. Sie werden es später besser machen. Und ich bin sicher, Sie sind auf Ihre eine Milliarde genauso stolz wie wir auf unsere 40 Milliarden.«

»Oja,« sagte ich, das sind wir sicher.«

»Komm, komm, das ist schon was. Sie sind auf dem richtigen Weg. Und Sie müssen sich nicht davon entmutigen lassen, daß Sie noch nicht auf dem türkischen Stand sind. Sie müssen daran denken, wie ich Ihnen schon vorher gesagt habe, daß die Türkei die Welt in allen Regierungs- und Finanzideen anführt. Nehmen Sie die augenblickliche Situation als Beispiel. Da stehen wir nun, bankrott – reich mir den Champagner, Zufil, und setz dich zu uns – die erste aller Nationen. Das ist eine große Feder am Hut unserer Finanziers. Es ermöglicht uns einen herrlichen Start in die neue Ära des Wiederaufbaus, die wir nun beginnen. Wie Sie vielleicht gehört haben, sind wir alle sehr damit beschäftigt. Sie haben meine Bücher und Papiere bemerkt, nicht wahr?« fügte der Sultan stolz hinzu und deutete mit der Hand auf einen großen Haufen blauer Bücher, Pamphlete und Dokumente, die neben ihm auf dem Boden lagen.

»Na, so was! Ich habe nicht gewußt, daß Sie jemals etwas lesen!« rief ich erstaunt.

»Hab ich auch nie. Aber das ist nun alles anders geworden, nicht wahr, Zufil? Ich sitze hier und arbeite stundenlang jeden Morgen. Es ist mir eine Freude geworden. Und außerdem,« sagte Abdul, zündete sich eine dicke Zigarre an und steckte seine Füße mit dem Ausdruck tiefen Wohlbehagens unter einen Haufen

Papiere, »was gibt es besseres als Arbeit? Es ist so stimulierend, so wohltuend. Ich sitze hier und arbeite vor mich hin, fast den ganzen Tag. Es gibt nichts besseres.«

»Woran arbeiten Sie?« fragte ich.

»Wiederaufbau,« sagte der kleine Mann und blies eine große Rauchwolke von seiner Zigarre. »Wiederaufbau.«

»Was für eine Art Wiederaufbau?«

»Alle möglichen Arten – finanziell, industriell, politisch, sozial. Großartiges Zeug. Übrigens,« fuhr er lebhaft fort, »möchten Sie nicht Arbeitsminister werden? Nein? Na, das tut mir leid. Ich hatte halbwegs gehofft, Sie würden annehmen. Wir haben kein Glück mit ihnen. Der letzte wurde letzten Montag in den Bosporus geworfen. Hier ist der Bericht darüber – nein, das ist der Bericht über die Erschießung des Religionsministers – ah, hier ist er – *Bericht über die Ertränkung des Arbeitsministers.* Erlauben Sie mir, ein Stück daraus vorzulesen. Ich halte ihn für den besten Bericht dieser Art, den wir haben.«

»Nein, nein,« sagte ich. »Bemühen Sie sich nicht, mir vorzulesen. Erzählen Sie mir nur, wer es getan hat und warum.«

»Arbeiter,« sagte der Sultan, sehr fröhlich. »Eine Delegation. Sie haben Ihre Gründe nicht genannt.«

»Also haben Sie hier auch Arbeitskämpfe?« fragte ich.

»Arbeitskämpfe!« rief der kleine Sultan und verdrehte die Augen. »Das will ich wohl meinen. Die ganze Türkei blubbert von Arbeiterunruhen wie Rosenwasser in einer Wasserpfeife. Sieh in deinen Aufzeichnungen nach, Zufil, und sag mir, welche neuen Streiks heute morgen gewesen sind.«

Der alte Sekretär hantierte mit seinen Papieren und murmelte: »Ich werde wahrlich versuchen, mit Allahs Hilfe –«

»Nun, nun,« sagte Abdul warnend, »das tut's nicht. Sag einfach: ›sicher.‹ Nun erzähl's mir.«

Der Sekretär schaute auf eine kleine Liste und las:

»Die Streiks von heute umfassen: Perückenmacher, Hundefreunde, Zauberer, Schlangenbeschwörer und Wahrsager.«

»Hören Sie sich das nun an,« sagte Abdul stolz.

»Das repräsentiert einige der qualifiziertesten Arbeiter in der Türkei.«

»Ich nehme an, das ist so,« sagte ich. »Aber sagen Sie mir, Abdul, was ist mit den wirklich notwendigen Branchen, den Bergarbeitern, den Stahlarbeitern, den Eisenbahnern? Arbeiten sie?«

Der kleine Sultan warf sich in einem Lachanfall, in den einzustimmen auch sein alter Sekretär geneigt war, in die Kissen.

»Mein lieber Herr, mein lieber Herr!« sagte er lachend. »Bringen Sie mich nicht um vor Lachen. Arbeiten! Diese Leute und arbeiten. Sie gehen doch sicher nicht davon aus, daß die Türkei so rückständig ist. Diese Arbeiter haben vor Monaten aufgehört zu arbeiten. Es ist zu bezweifeln, daß sie jemals wieder arbeiten werden. Es gibt eine starke Bewegung in der Türkei, alle *notwendige* Arbeit völlig abzuschaffen.«

»Aber wer arbeitet denn noch?« fragte ich.

»Schau in die Listen, Zufil.«

Der alte Sekretär verbeugte sich und blätterte in seinen Listen, die ich beim näheren Hinsehen als amerikanisches Zehncentnotizbuch erkannte. Dann las er vor:

»Die folgenden, Höchster, arbeiten noch: Bettler, Missionare, Dichter, die Heilsarmee und die Lehrer der Lichtjugend im Amerikanischen Presbyterianischen College.«

»Aber, du liebe Zeit, Abdul,« rief ich, »die Lage ist doch hoffnungslos! Wovon kann Ihre Nation in so einer Situation leben?«

»Pah,« sagte der Sultan. »Der Zins unserer Schulden allein beträgt jährlich zwei Milliarden. Jeder in der Türkei, groß oder klein, hat irgendwelche Aktien. Wenn es zum Schlimmsten kommt, können sie ganz gut von den Zinsen leben. Das ist Finanzierung, nicht wahr, Zufil Kafeh?«

»Die beste und die neueste,« sagte der alte Mann mit tiefer Verbeugung.

»Welche Schritte unternehmen Sie gegen Ihre Arbeitskämpfe?« fragte ich.

»Wir ernennen Kommissionen,« sagte Abdul.

»Wir ernennen eine für jedes neue Arbeitsproblem. Wieviele gestern, Abdul?«

»Dreiundvierzig,« antwortete der Sekretär.

»Ist das nicht unterdurchschnittlich?« fragte Abdul ein wenig ängstlich. »Versuch auf fünfzig zu bleiben, wenn du kannst.«

»Was tun all diese Kommissionen?«

»Sie machen Berichte,« sagte Abdul und fing an zu gähnen, als ob die fortgesetzte Hirnübung der Konservation seinen Intellekt ermüdete, »hervorragende Berichte. Wir haben einige, die hervorragende Modelle des allerbesten Türkisch sind.«

»Und was empfehlen die?«

»Ich weiß nicht,« sagte der Sultan. »Wir lesen sie nicht deshalb. Wir lesen sie lediglich wegen ihres Türkischs.«

»Aber was tun Sie damit?« fragte ich weiter. »Welche Schritte unternehmen Sie?«

»Wir schicken sie alle,« sagte der kleine Mann, zog an seiner Pfeife und wurde augenscheinlich immer betäubter während er sprach, »wir schicken sie alle an Woodrow Wilson. Er kann sich mit ihnen beschäftigen. Er ist der Politiker des Ausgleichs in der Welt. Er möge, wie sagt man auf Englisch oder ist es eine türkische Redewendung? – er möge einen Bauch voller Ausgeglichenheit haben.«

Abdul döste für einen Moment auf seinen Kissen. Dann öffnete er wieder seine Augen.

»Gibt es noch etwas, was Sie hören möchten, bevor ich mich in den Inneren Harem zurückziehe?«

»Eins noch,« sagte ich, »wenn's Ihnen nichts ausmacht. Wie stehen Sie international? Werden Sie sich dem neuen Völkerbund anschließen?« Der Sultan schüttelte den Kopf.

»Nein,« sagte er, »wir werden uns nicht anschließen. Wir werden einen eigenen Bund aufmachen.«

»Und wer wird da Mitglied sein?«

»Wir, und die Armenier, und mal sehen – die Iren,

nicht wahr, Zufil? – und die Bulgaren – noch andere, Zufil?

»Die Jugo – Hebrovianer und die Skarovianer sind im Gespräch,« sagte der Sekretär.

»Wer ist das?« fragte ich.

»Das wissen wir nicht,« sagte Abdul gereizt. »Sie haben uns geschrieben. Sie scheinen in Ordnung zu sein. Gibt's bei Ihnen im Völkerbund nicht auch eine Menge Völker, von denen Sie noch nie gehört haben?«

»Ich verstehe,« sagte ich. »Und auf welcher Basis hat sich Ihr Bund zusammengefunden?«

»Ganz einfach,« sagte der Sultan. »Jedes Mitglied verspricht etwas allen anderen Mitgliedern. Dann leisten sie alle einen Eid zusammen. Dann unterzeichnen sie den. Das ist absolut verbindlich.«

Er ließ sich offensichtlich müde und gelangweilt in seine Kissen zurückfallen.

»Aber Sie gehen doch sicher nicht davon aus, daß ein solches Bündnis den Frieden wahren kann?« protestierte ich.

»Frieden!« rief Abdul, zu plötzlichem Erstaunen aufgewacht. »Frieden! Natürlich nicht! Unser Bündnis steht für den Krieg ein. Jedes Mitglied gibt sein Wort, bei der ersten sich bietenden Gelegenheit irgendeinem anderen Mitglied eins überzubraten.«

Der kleine Sultan sank wieder in sich zusammen. Dann erhob er sich mühsam von seinen Kissen.

»Zufil,« sagte er, »geh mit unserem wißbegierigen Freund in die Stadt. Zeig ihm den Bosporus, zeig ihm die Insel mit den Hunden, führ ihn überall hin.«

Er machte eine Pause und flüsterte dem Sekretär ein paar Instruktionen ins Ohr.

»Verstehst du,« sagte er. »Gut, nimm ihn mit. Was mich betrifft,« er gähnte laut als er davonschlurfte. »Ich ziehe mich in meinen Inneren Harem zurück. Auf Wiedersehen. Es tut mir leid, daß ich Sie dahin nicht einladen kann.«

»Mir tut's auch leid,« sagte ich. »Auf Wiedersehen.«

Die Kunst der Konversation

I. Wie man zwei Personen einander vorstellt

Nichts ist wichtiger als die angemessene Wortwahl, wenn man zwei Personen einander vorstellt. Die gebräuchlicheren Formen sind leicht zu erlernen und man kann sich ihrer leicht erinnern. Sie können je nach Lage eingesetzt werden. Ich erwähne in diesem Zusammenhang solch rudimentäre Formulierungen wie »Ed, das ist Jim Taylor.« oder »Jungs, das ist Peter, der neue Hilfsarbeiter; Peter pack Dir das Ende von dem Kanthaken da.« Wir reden also nur über die höfliche Gesellschaft, verziert durch das schöne Geschlecht, das einzige, um das wir uns zu kümmern brauchen.

Das Third-Avenue-Verfahren

Eine gute und angemessene Form ist gerade bei den Kreisen der Third Avenue, New York, in Mode: etwa bei den Tanzveranstaltungen für 50 Cent pro Kopf (Damen haben freien Eintritt) im Saal der Königlichen Ritter der Wohltätigkeit.

»Miß Summerside, darf ich Ihnen Mr. O'Hara vorstellen«, danach sagt Miß Summerside klar und deutlich »Mr. O'Hara« und Mr. O'Hara sagt mit gleicher Deutlichkeit »Miß Summerside«. In diesen Kreisen zeigt sich die exquisite Kinderstube in der Bitte, den Namen zu wiederholen. »Ich habe den Namen nicht ganz mitbekommen,« sagt Mr. O'Hara bedeutsam; dann bekommt er ihn mit und wiederholt ihn – »Miß Summerside«.

»Den Namen mitbekommen« ist ein wichtiger Teil in dieser gesellschaftlichen Begegnung. Wenn es das erstemal nicht gelingt, muß er wiederholt werden. Der besondere Effekt dieser Art Vorstellung besteht darin, daß Miß Summerside unmißverständlich deutlich gemacht wird, daß Mr. O'Hara noch nie von ihr gehört hat. Das verweist sie in ihre Schranken.

In den oberen Kreisen wird die Vorstellung ausgefeilter, schmeichelnder, salbungsvoller. Den Gipfel erreicht, wie jeder zustimmt

Die klerikale Methode

Das ist die Methode, die ganz ursprünglich in den anglikanischen Kreisen benutzt wird. Zum Beispiel vom Episkopalbischof von Boof, der einem Domherrn eine unserer »Gemeindearbeiterinnen« vorstellt (er meint damit eine Dame, die zu reich zum Arbeiten ist), die in Kürze eine Krippe für das Diözesanheim für bischöfliche Krüppel spenden wird. In diese Vorstellung muß ein gewisses Maß an Seele einfließen. Jeder, der dies jemals gehört hat, kann die richtige

Betonung anwenden. Diese muß sehr voll und sehr tief sein.

»O, Mrs. Tollegans, darf ich Ihnen meinen guten alten Freund, den Domherrn Schneidauf, vorstellen? Der Domherr, Mrs. Tollegans, ist einer meiner engsten Freunde. Mrs. Tollegans, mein lieber Domherr, ist ganz sicher eine unserer leidenschaftlichsten Helferinnen.« Nach diesem seelischen Ausbruch kann der Bischof hinzufügen: »Wenn Sie mich jetzt bitte entschuldigen würden, ich befürchte, ich muß einfach los.«

Ich persönlich habe einen Bischof in einer Gesellschaft nie anders gesehen, als daß er los mußte. Wohin sie los müssen, weiß ich nicht. Aber ich glaube, ich verstehe, wovon sie sich losmachen.

Der Speiseraum des Clubs

Gesellschaftlich ebenso hoch angesiedelt ist die Vorstellung im Club. Sie wird jedoch ganz anders vorgenommen. Sie wird von einem Clubmitglied durchgeführt, das sich um keinen Preis an die Namen der beiden Clubmitglieder erinnern kann, die er einander vorstellt. Die wiederum können sich um keinen Preis mehr an den Namen desjenigen erinnern, der sie einander vorstellt. Und so geht es:

»O, ja, Entschuldigung, ich dachte natürlich, Sie beide würden sich ausgezeichnet kennen. Erlauben Sie mir, Sie einander vorzustellen, äh, ah..«

Später, nach drei Whisky-Soda bekommt jeder der

drei die Namen der anderen beiden heimlich mit Hilfe des Portiers heraus. Aber das macht keinen Unterschied. Sie vergessen das sowieso wieder.

Wir wollen uns nun ein Stück höher bewegen. Sehr hoch. Nähern wir uns dem Äußersten.

Vorstellung bei dem Vizekönig von Indien, K.C.B., C.S.I., S.O.S.

Die erhabenste Form einer Vorstellung kann bei der Darbietung von Mr. Tomkins, einem amerikanischen Tourist, für S.E., den Vizekönig von Indien beobachtet werden.

Ein Adjudant in Uniform ruft am Fuße der großen Treppe: »Mr. Tomkins!« Ein Adjudant oben ruft (eine Minute später): »Mr. Thompson.« Ein weiterer Adjudant, einen Meter weiter, ruft »Mr. Torps.« Dann ergreift ein Militärsekretär aus dem nächsten Umkreis des Vizekönigs Mr. Tomkins im Genick, beugt ihn auf den Boden und sagt klar und deutlich: »Mr. Torpentine.«

Dann wirft er ihn am Genick in die Menge unten zurück und ruft jemand anderes. Die Sache ist vorbei. Mr. Tomkins wischt sich den Schweiß mit seinem großen Taschentuch vom Kopf und eilt schleunigst zum Hoogli Hotel in Calcutta zurück und ist ganz wild auf Briefpapier, um sofort einen Brief nach Ohio zu schreiben: er hat den Vizekönig kennengelernt.

Vorstellung im Büro – einseitig

Diese Art einer Vorstellung kommt in unser Büro, indem sie an der Pforte vorbei schleicht, einen Packen Bücher unter dem Arm. Sie sagt: »Erlauben Sie, daß ich mich vorstelle. Das Buch, das ich Ihnen vorschlage, ist eines, das wir nun auf den Markt bringen…«

Dann gibt es zwei Möglichkeiten –

Entweder man hört das Splittern von Glas, während der Sprecher durchs Fenster fliegt, oder er geht zwanzig Minuten später unter heftigen Verbeugungen und läßt uns mit einem reuevollen Blick auf ein unterzeichnetes Dokument zurück, das uns ein Anrecht gibt auf den Empfang von sechzig Bänden *Meisterwerke amerikanischer Lyrik*.

Auf der Bühne

Alles auf der Bühne geschieht besser als im wirklichen Leben. Das gilt auch für die Vorstellungen. In der Bühnenvorstellung liegt eine Wärme, eine Seele, die in der unterkühlten Atmosphäre der alltäglichen Gesellschaft nicht vorkommt. Als Beispiel für die Bühnenvorstellung will ich die Formulierung zitieren, die in bester melodramatischer Weise in der Wohnküche (Herd rechts) einer Neu-England-Farm üblich ist.

»Nachbar Jephsons Sohn, das ist mein kleines Mädel, ein so gutes und süßes Mädel, so um ihren alten Vater besorgt, wie du es in ganz Neu-England findest.

Nachbar Jephsons Sohn, sie ist mein ein und alles gewesen, dieses kleine Mädel, seit ich vor fünf Weihnachtsfesten ihre Mutter in die Erde gelegt habe.«

Der Sprecher ist etwas überwältigt und lehnt sich, um Kraft zu schöpfen, an die Pappuhr. Er kommt wieder zu sich und fährt fort: »Hope, das ist Nachbar Jephsons Sohn, gerade zurück aus Übersee. Ein guter Bursche, Mädel, wenn er wie seine Vorfahren ist, die hinausgefahren sind. Hope, gib mir deine Hand. Mein Junge, deine Hand. Kümmere dich um ihn, Hope, während ich ein Weilchen draußen auf dem Hof im Buch der Bücher lese.«

Die indianische Methode

Viele Menschen sind der leeren gesellschaftlichen Phrasen überdrüssig und schauen sehnsüchtig auf die einfache und unmittelbare Sprache des Wilden Lebens zurück. Diese Menschen werden die übliche Form der Vorstellung (die kürzere Variante) wie sie bei unseren nordamerikanischen Indianern vorkommt, nützlich finden (jedenfalls in der Form, wie sie sich aus der besten literarischen Vorlage erschließen läßt).

Freunde und Gefährten, die ihr würdig seid,
schaut und seht mit all euren Blicken,
hört mit eurem ganzen Hörsinn,
versammelt euren Verstand,
beugt die Häupter, o Bäume und Hecken

höre auf zu knistern, Mais, und horche,
neige dein Ohr und sei aufmerksam,
Wellen des fließenden Wassers,
haltet eine Weile inne in eurem Lauf,
hier bringe ich euch – Hiawatha.

Die letzte Zeile läßt sich abändern, um sie jeweils dem speziellen Fall anzupassen. Es kann zum Schluß genauso gut heißen »Hier bringe ich Henry Edward Eastwood« oder »Hier ist Hal Mc Giverin, Junior« oder irgendwie anders. Alle Namen ergeben einen Sinn. Das ist wirklich die wunderbare Kunst von Longfellow – der Sinn ist unabhängig von den Worten.

Die Vorstellung auf dem Podium

Für die, die sie kennen, ist dies eine grausame Art der Vorstellung. Sie wird von einem säuerlich dreinblickenden Bösewicht benutzt, den die Zeitungsberichte ulkigerweise als den ›genialen Vorsitzenden‹ der Versammlung bezeichnen. Während er spricht, ist sein Opfer auf seinem kleinen Stuhl auf dem Podium den Augen von tausend Leuten ausgesetzt, die sich darüber wundern, warum er so merkwürdige Socken trägt.

»Der nächste Redner, meine Damen und Herren, ist jemand, der vor dieser Versammlung keinerlei Vorstellung mehr bedarf. Sein Name (an dieser Stelle konsultiert der Vorsitzende eine kleine Karte) ist schon zum Begriff geworden. Seine Verdienste (hier schaut der Vorsitzende wieder auf seine Karte, studiert sie, dreht sie herum und fügt hinzu) in vielen Dingen sind Ihnen allen bekannt.«

Es gibt einen schwachen Applausversuch, und dann hebt der Vorsitzende die Hand und sagt in nüchternem Geschäftston: »Würden die Zuhörer, die jetzt gehen, dies bitte so leise wie möglich tun.«

Er will sich gerade setzen, fügt dann aber als angenehmen Nachgedanken für den Redner, der darüber brüten kann, hinzu: »Ich erlaube mir, darauf hinzuweisen, wenn ich schon mal stehe, daß unsere Gesellschaft nächste Woche einen echten Leckerbissen zu hören bekommt...« etc. etc. und so weiter.

II. Wie man die Konversation eröffnet

Nachdem die Zeremonie der Vorstellung abgeschlossen ist, muß als nächstes die angemessene Art zur Eröffnung der Konversation bedacht werden.

Am härtesten ist, ehrlich gesagt, der Anfang der Konversation. Es ist das gesellschaftliche Äquivalent zu »zum Angriff übergehen«.

Am besten läßt es sich im Rahmen und in der Umgebung einer Abendgesellschaft beobachten, wo die Leute aufrecht stehen und sich quälen, während sie ein Schälchen Eiscreme balancieren. Hier erreicht die Konversation den höchsten Gipfel gesellschaftlicher Bedeutung. Man muß sich unterhalten oder sterben. Man kann etwas dagegen tun, indem man es durch heftiges Essen ein wenig aufschiebt. Aber das Essen ist bei solchen Veranstaltungen knapp bemessen. Es wird der Moment kommen, wo es absolut notwendig ist, etwas zu sagen. Wie gesagt, der Anfang ist das größte Problem. Andere Gesellschaften lösen das besser als wir...

Das chinesische System

In China wird die Konversation nach der Vorstellung von Fremden untereinander immer mit der Frage eingeleitet: »Und wie alt sind Sie?«

Das erscheint mir ausgesprochen geeignet und vernünftig.

Das ist doch der Boden, auf dem zwei beliebige Menschen, hoch oder niedrig, reich oder arm, gemeinsam stehen: Wie weit sind Sie auf Ihrem Pilgergang durchs Leben?

Die Zuchthausmethode

Vergleichen Sie mit der chinesischen Methode die grausige, aber bezeichnende Formel, die in den Gefängnishöfen der amerikanischen Zuchthäuser benutzt wird. (Ich halte sie für eine literarische Erfindung).

»Was bringst Du?« fragt der San-Quentin- oder Sing-Sing-Insasse den Neuankömmling und meint damit: »Und wie lang ist Deine Strafe?« Hier begegnet man demselben menschlichen Gefühl, demselben gemeinsamen Boden und Interesse wie in der chinesischen Formel.

Die feine Gesellschaft

Aber in der feinen Gesellschaft haben wir noch keine bessere Methode als eine Art medizinische Diagnose gefunden.

»Wie geht es Ihnen?« Dies erlaubt keine Antwort. Die Konvention verbietet es, detailliert zu antworten: daß wir uns, wenn überhaupt, etwas schlechter als letzte

Woche fühlen, und daß, obwohl die Temperatur von 36,5 auf 36,7 gestiegen ist, unsere Atmung normal ist.

Noch schlechter ist das Wetter als Eröffnungsthema. Denn es beginnt oder endet abrupt wie die medizinische Diagnose. Oder es führt die beiden Gesprächspartner in eine lange und erbärmliche Diskussion über das gestrige Wetter, das Wetter von vorgestern und das im letzten Monat, vom letzten Jahr und der letzten 50 Jahre. Man bewahre uns also vor einer Konversation, die zu einfach beginnt.

Die Eröffnung »Der gemeinsame Freund«

Dies kann bei jedem beliebigen Abendempfang beobachtet werden. Dann nämlich, wenn die Gastgeberin zwei Menschen einander vorstellt, von denen angenommen wird, sie hätten ein gemeinsames Thema und würden sich auf einen knappen Hinweis hin zusammenfinden. Etwa, wenn sie aus derselben Stadt sind.

»Erlauben Sie mir, Ihnen Mr. Sedley vorzustellen«, sagt die Gastgeberin. »Ich glaube, Sie und Mr. Sedley kommen aus derselben Stadt, Miß Smiles. Miß Smiles, Mr. Sedley.«

Und ab geht die Post. »Ich freue mich so, Sie zu treffen,« sagt Mr. Sedley. »Es tut gut, mal von jemandem zu hören, der unsere kleine Stadt kennt.« (Falls er ein übermütiger Humorist ist, spricht Mr. Sedley von seinem kleinen alten Städtchen.)

»Oh, ja«, antwortet Miß Smiles. »Ich komme auch

aus Winnipeg. Ich war so begierig, Sie zu treffen und Sie zu fragen, ob Sie die McGowans kennen. Daheim sind sie meine besten Freunde.«

»Die – wen?« fragt Mr. Sedley.

»Die McGowans, auf der Selkirk Avenue.«

»Ne-in, ich glaube nicht. Ich kenne die Prices auf der Selkirk Avenue. Sie kennen sie natürlich.«

»Die Prices? Nein, ich glaube nicht. Ich glaube nicht, daß ich von den Prices schon mal gehört habe. Sie meinen nicht die Pearsons? Die kenne ich nämlich sehr gut.«

»Nein, die Pearsons kenne ich nicht. Die Prices leben genau neben dem Wasserspeicher.«

»Nein, ich bin sicher, ich kenne sie nicht. Die Pearsons leben in der Nähe vom College.«

»In der Nähe vom College? In der Nachbarschaft der William Kennedys?«

»Ich glaube nicht, daß ich die William Kennedys kenne.«

So geht die Konversation zehn Minuten lang weiter. Sowohl Mr. Sedley als auch Miß Smiles werden immer verzweifelter, ihre Gesichter sind starr. Ihre Sätze sind reduziert auf:

»Kennen Sie die Petersons?«

»Nein. Kennen Sie die Applebys?«

»Nein. Kennen Sie die Willie Johnsons?«

»Nein.«

Dann plötzlich ein Silberstreif am Horizont. Einer von beiden erwähnt Beverley Dixon. Der andere reagiert überschwenglich:

»Beverley Dixon? Oh, ja, schon eher. Na gut, ich kenne ihn nicht, aber ich habe die Applebys oft über ihn reden hören.«

Und die andere ruft in gleichem Entzücken aus:

»Ich kenne ihn auch nicht so genau, aber ich habe Willi Johnson über ihn reden gehört, die ganze Zeit über.«

Sie sind gerettet. Eine halbe Stunde später stehen sie immer noch da und reden über Beverley Dixon.

Das Benimmbuch

Ich selbst habe so viel unter der Unfähigkeit gelitten, eine Konversation anzufangen, daß ich vor nicht langer Zeit den extremen Schritt unternahm, ein Buch zu diesem Thema zu kaufen. Zu meinem Bedauern muß ich sagen, daß ich nur wenig Erleuchtung oder Hilfe daraus gewonnen habe. Es ist von der Comtesse de Z. verfaßt worden. Dem Vorwort zufolge hatte sich die Comtesse in »den höchsten Kreisen aller europäischen Hauptstädte« bewegt. Wenn dem so ist, soll sie sich von mir aus doch weiter dort bewegen. Ich zumindest werde sie nicht davon abhalten, nachdem ich es einmal mit ihrem Buch versucht habe. Und so löst die Comtesse das Problem, eine Konversation zu eröffnen:

»Um eine Konversation zu beginnen, muß der Auswahl eines Themas die höchste Sorgfalt gewidmet werden. Der gute Geschmack erfordert es, daß man geflissentlich jedes Thema meidet, über das sich unser Vis-à-vis in Unkenntnis befinden könnte. Noch gilt lediglich den bloßen Worten Beachtung. Die Kunst der Konversation hängt sehr vom Gebaren ab. Der wahre Konversationskünstler muß sich in der Eröffnungssituation mit einer Atmosphäre von Interesse und Besorgtheit bekleiden. Er muß darauf gefaßt sein, wie wir französisch sagen, payer les frais de la conversation. Kurz, er muß sich mit ›Aura‹ umgeben.«

Also. Gehen Sie hin und tun Sie es, wenn Sie können. Ich gestehe, ich kann es nicht. Ich habe keine Ahnung, was der französische Satz bedeutet, aber ich weiß, daß ich mich nicht »mit einer Atmosphäre von Interesse bekleiden« kann.

Jedenfalls habe ich die Anweisungen der Comtesse bei einem Empfang letzte Woche befolgt, als ich einer unbekannten Dame vorgestellt wurde. Und sie versagten. Ich habe fast auf den gesamten letzten Teil verzichtet und mich vielmehr wie vorgeschlagen, nur der Auswahl eines Themas gewidmet. Und ich bemühte mich, mit soviel Sorgfalt auszuwählen, als ob ich einen Golfschläger aus der Tasche ziehen würde.

Natürlich mußte ich mich auf die paar Themen beschränken, über die ich etwas weiß. Darin kann ich dann ganz interessant sein, wenn ich den Anfang gemacht habe.

»Kennen Sie sich in Mathematik aus?« fragte ich.

»Nein«, sagte die Dame.

Zu dumm. Ich hätte ihr ein paar gute Rätsel über die Quadrate der Primzahlen von 1 bis 41 aufgeben können. Ich machte eine Pause und umgab mich mit mehr Aura.

»Wie sind Sie in Hydrostatik?«

»Wie bitte?« sagte sie. Offensichtlich wußte sie auch darüber nichts.

»Haben Sie jemals die Prinzipien der Luftnavigation studiert?« fragte ich.

»Nein«, antwortete sie.

Ich machte wieder eine Pause und versuchte, mich mit der Aura größeren Interesses zu umgeben. Da wurde ihr ein anderer Mann vorgestellt, von seiner Erscheinung her offensichtlich ein langweiliger Esel mit nur einem Zehntel des Gehirnkalibers, das ich habe.

»Oh, wie geht es Ihnen?« sagte er. »Ich habe gerade gehört, daß Harvard heute nachmittag Princeton geschlagen hat. Großartig, was?«

Innerhalb von zwei Minuten redeten sie wie alte Freunde. Wie machen das diese dummen Esel?

Wenn Masteber flau sind

Eine ähnlich erfolglose Variante der Konversation, die man bei Empfängen belauschen kann, ist die, bei der ein Teilnehmer der Konversation zu säuerlich, zu dumm oder zu eingebildet oder zu reich zum Reden ist, und sich der andere umsonst abmüht.

Der säuerliche Teilnehmer der Konversation ist, sagen wir mal, ein Mann mittleren Alters, untersetzt, der Typ, den jeder als Geldeber erkennt. Diese Person, wie sie in ihrem Maßanzug ohne Manieren und dumm dasteht, zu reich, um reden zu müssen, und zu träge, um zu wissen wie, diese Person läßt mich immer an die Schlagzeilen der Marktberichte in den Zeitungen denken: »Masteber flau.«

Die andere Teilnehmerin der Konversation ist eine gewinnende, angenehme Frau, die ihr Bestes versucht, ihre gesellschaftlichen Pflichten zu erfüllen.

Aber, tenez, wie die Comtesse von Z. sagen würde, ich kann die Stellung und Haltung der beiden genau mit einer Erinnerung aus meiner Kindheit illustrieren. Ich weiß noch, daß es in einem meiner Kinderbücher von vor vierzig Jahren ein Bild gab mit der Unterschrift: Die Dame, die ein Schwein liebte. Eine schlanke Dame in einem schimmernden Kleid lehnte sich über das Geländer eines Schweinestalls, der mit einem Mosaikfußboden ausgelegt war. Darin stand ein unwahrscheinlich sauberer Eber in ungesitteter Unbeweglichkeit. Zu dem Bild gehörte ein Reim:

Da war eine Dame, verliebt in ein Schwein.
»Liebling,« sagte sie, »willst du mein sein?
Ich bau dir einen silbernen Stall
und darin kannst du liegen.«
»Grunz,« sagte das Schwein.

Die liebliche Bereitwilligkeit der Dame war anrührend und das genaue Gegenteil zu der ungesitteten, dumpfen Passivität des Schweins.

In jeder der folgenden Strophen wurden die netten Annäherungen der Dame mit einem säuerlichen und einsilbigen »Grunz« des Ebers zurückgewiesen.

Vor uns steht das gesellschaftliche Ebenbild der Bilderbuchszene. Mr. Grunt, Kapitalist, steht in seinem mosaikausgelegten Stall – der mosaikausgelegte Stall wird durch den Parkettfußboden eines modischen Wohnzimmers repräsentiert. Sein Gesicht sieht genauso aus wie das des Schweins im Bilderbuch. Die schlanke Dame, in demselben schimmernden Kleid und mit demselben netten Eifer, steht neben ihm.

»Oh, Mr. Grunt«, sagt sie, »wie interessant muß es sein, in ihrer Stellung zu stehen und eine so unglaubliche Macht zu fühlen. Unsere Gastgeberin hat mir gerade gesagt, Sie besitzen praktisch alle Schustereimaschinenfabriken – das war's doch, nicht wahr? – östlich von Pennsylvanien.«

»Grunz«, sagt Mr. Grunt.

»Schustereimaschinen«, fährt die schlanke Dame fort – eigentlich weiß sie nichts darüber –, »müssen absolut faszinierend sein, nicht wahr?«

»Grunz«, sagt Mr. Grunt.

»Aber trotzdem muß es doch manchmal fürchterlich anstrengend sein? Ich meine, so viel Kopfarbeit und all das.«

»Grunz«, sagt Mr. Grunt.

»Ich würde mir sehr gerne eine ihrer Fabriken ansehen. Sie müssen so interessant sein.«

»Grunz«, sagt Mr. Grunt.

Dann dreht er sich um und bewegt sich zur Seite. In seinen kleinen Schweinsaugen steht die Furcht geschrieben, daß die Dame ihn auffordern wird, ein Abbonement zu übernehmen, oder daß sie einen Teil seines

Lagerbestandes haben will, oder seinen Namen auf der Liste eines Direktionskommitees. Also verläßt er sie.

Was er nicht weiß, ist, daß sie möglicherweise genauso reich ist, wie er, und daß sie nicht das leiseste Interesse an seinen Fabriken hat und niemals beabsichtigt, sich einer davon zu nähern. Sie ist lediglich gewandt und darin geübt, sich in der feinen Gesellschaft zu bewegen und Konversation zu betreiben. Und das ist Mr. Grunt nicht.

Die Entdeckung Amerikas.
Durch den Kinematographen in bewegliche Bilder und wieder heraus gebracht.

Neulich sagte Präsident Shurman: »In den letzten vierzig Jahren ist uns kein größerer Schub für die Bildung beschert worden als durch die beweglichen Bilder.«

Ich bin mir nicht sicher, daß es Präsident Shurman war. Und es mag sein, daß er es auch nicht neulich gesagt hat. Und ich bin mir auch nicht absolut sicher, daß er sich auf die letzten vierzig Jahre bezog. Wenn ich jetzt so darüber nachdenke, glaube ich nicht, daß es wirklich Shurman war. Es könnte auch Präsident Eliot gewesen sein. Oder war es vielleicht Präsident Hadley von Yale?

Wenn man die Genauigkeit und Kraft der Sprache in Betracht zieht, denke ich, ich war's wohl. Ich zweifele daran, daß Shurman oder Hadley es so elegant ausgedrückt haben könnten. Es gibt da Nuancen, an denen ich das erkenne.

Aber genug davon. Es ist zumindest etwas, was alle sagen und denken. Alle unsere Lehrer haben sich mit der Möglichkeit beschäftigt, bewegliche Bilder zum Zwecke der Bildung einzusetzen. Es wird offen gesagt, daß sich Geschichte und Geographie, ja sogar Arithmetik, statt durch den langsamen und schmerzhaften Prozeß von Büchern und Gedächtnis, eher durch das Auge vermitteln lassen.

Sobald ich von dieser Idee gehört hatte, brannte ich darauf, sie in die Praxis umzusetzen. Ich habe daher einen Film vorbereitet, vielmehr, ich bereite ihn vor, der speziell für die unteren Klassen unserer Schulen entworfen ist. Er erzählt die Geschichte der Entdeckung Amerikas.

Ich möchte den Leser einladen, sich hinzusetzen und mit dem Auge seiner Phantasie den Film mit mir gemeinsam anzusehen. Aber zuerst möchte ich den schlichten Bericht von der Entdeckung Amerikas vorstellen, den ich einem unserer Schulbücher entnommen habe.

Christoph Kolumbus, anders bekannt als Christoforo Colombo, der berühmte Entdecker Amerikas, wurde als Sohn armer, aber ehrbarer Eltern in der italienischen Stadt Genua geboren. Seine Mutter, Teresa Colombo, scheint eine Frau von großer Gottesfurcht und Intelligenz gewesen zu sein. Von seinem Vater, Bartolomeo Colombo, wird nichts berichtet. Von frühester Jugend an entwickelte der junge Christoph eine Leidenschaft für die Mathematik, die Astronomie, die Geodäsie und die übrigen damaligen Wissenschaften...

Aber halt, ich gehe zu schnell vor. Der Leser wird besser damit zurechtkommen, wenn wir alles Stück für Stück und nacheinander in Bilder setzen. Der Leser soll sich daher vorstellen, er säße vor dem beleuchteten Vorhang in einem Kino. Alles bereit? Sehr gut. Musik! – Star Spangled Banner – Licht aus! Los geht's!

DIE ENTDECKUNG AMERIKAS
genehmigt durch die Zensurbehörde des
Staates New York

Da haben wir's. Das gibt dem Kind gleich den richtigen historischen Hintergrund. Nun, wie geht's weiter? Laß mal sehen. Ach ja, natürlich. Wir werfen eine Ankündigung auf die Leinwand, so:

CHRISTOPH KOLUMBUS – Mr. Quinn

An dieser Stelle erscheint das Gesicht von Mr. Quinn (mit Bowler-Hut) auf der Leinwand und wird wieder ausgeblendet.

Wir lassen folgen:

DER GEIST AMERIKAS – Miß E. Dickenson

Nun sind wir ernsthaft bereit, anzufangen.

Lassen Sie uns das Drehbuch gemeinsam entwickeln und zuerst folgendes in Bilder umsetzen:

Christoph Kolumbus war der Sohn armer, aber ehrbarer Eltern.

Für einen Anfänger mag das schwer erscheinen; für die unter uns, die oft ins Kino gehen, ist es das nicht.

Die Spule dreht sich und wir sehen: einen engen Raum (im Film ist das immer so) – um die beengten Verhältnisse anzudeuten. – Pappmöbel – hohe Stühle mit geschnitzten Rückenlehnen – zwei Pappbalken quer über die Decke gezogen (all das bedeutet Mittelalter) – ein langer Eßtisch – all die kleinen Kolumbusse sitzen daran – Teresa Kolumbus schneidet an einem Ende Brot – jeder bekommt eine Scheibe (das bedeutet im Film Armut) – Teresa schlägt ihre Augen auf – all die kleinen Kinder falten ihre Hände und sprechen ein Dankgebet (das bedeutet Ehrbarkeit).

Das hätten wir.

Nun kehren wir zum Geschichtsbuch zurück und sehen nach, was als nächstes in Szene gesetzt werden muß.

...Der Vater von Christoph, Bartolomeo Kolumbus, war ein Mann ohne besonderes Talent, und von ihm wird nichts berichtet.

Das ist einfach. Zuerst kündigen wir ihn auf der Leinwand an:

BARTOLOMEO KOLUMBUS – Mr. Henderson

Dann stecken wir ihn im Film in eine Zimmerecke. Er lehnt dort am Pappschrank und schaut auf die Kinder.

Diese Haltung signalisiert in Filmen immer eine Nebenfigur ohne Bedeutung. Ihre Aufgabe ist es, die anderen anzusehen und Selbstvergeßlichkeit, Inkompetenz, Unwichtigkeit, Leere und Einfältigkeit auszustrahlen. Man beachte, wie sich dies von den Haltungen der wichtigen Figuren unterscheidet.

Wenn eine Filmfigur – eine von Bedeutung – Pläne schmiedet und sich Dinge ausdenkt, sitzt sie an einem kleinen, runden Tisch, trommelt mit den Fingern darauf und schließt halb ein Auge. Wenn mit ihr geredet wird, oder wenn ihr ein Brief, ein Dokument oder ein Telegramm vorgelesen wird, erscheint sie in Großaufnahme und arbeitet mit den Gesichtsmuskeln, um die Emotion anzudeuten, die über ihr Antlitz hinwegfegt.

Wenn sie »bloßgestellt« wird (das geschieht, indem man mit dem Finger auf sie zeigt), verdrückt sie sich wie eine Schlange in eine Zimmerecke, hat beide Augen halb geschlossen und eine Mundstellung, als habe sie gerade eine Zitrone gegessen.

Aber wenn die Filmfigur nichts von alledem ausdrükken soll und nur als Hintergrund für die anderen dient, geht sie hinüber und lehnt sich in lockerer Haltung an die große Pappuhr. Das ist nun der Platz für Bartolomeo. Ab zur Uhr mit ihm.

Und was kommt nun als nächstes?

»...Der junge Christoph entwickelte in frühem Alter eine Leidenschaft für das Studieren, besonders für Astronomie, Geometrie, Geodäsie und die damaligen exakten Wissenschaften.«

Ganz einfach. Der Film läuft weiter. Christoph in einer Dachkammer (alle Studien im Film werden in Dachkammern gemacht). Die Pappdecke neigt sich nur sechs Zoll über seinem Kopf. So wird gezeigt, daß der Junge nie von seinen Büchern aufsteht. Er kann ja nicht. Auf einem kleinen Tisch vor ihm steht ein kleiner Globus und ein Zirkel. Christoph dreht den Globus. Dann schlägt er zwei Kreise mit dem Zirkel, einen nach dem anderen, sehr vorsichtig. Dies ist das anerkannte Filmsymbol für mathematische Forschung. Also haben wir hier nun Kolumbus – arm, ehrlich, fleißig, voller Kreise.

Nun zurück zum Buch.

»... der junge Kolumbus erhielt eine Ausbildung im Kloster der Franziskanermönche in Genua. Hier verbrachte er sieben Jahre.«

Ja, aber wir können das in sieben Sekunden auf die Leinwand bringen.

Weiter im Film!

Filmkloster – Außenaufnahme – aus grauer Pappe, dingdongdingdong (Mann im Orchester mit Triangel und Stock) – Prozession von Filmmönchen – Gesichter eher wie Gangster, macht nichts – sie sind Mönche, weil sie in Zweierreihen in einer Prozession gehen und aus Gesangbüchern singen.

Wieder das Buch.

»... Fra Giacomo, der Abt des Klosters, ist entzückt vom Fortschritt des Jungen und ermuntert ihn zu weiteren Studien.«

Moment mal!

FRA GIACOMO – Mr. Edward Sims

Mr. Sims' Gesicht, glattrasiert unter einem runden Hut, wird ein- und ausgeblendet.

Dann geht der Film weiter.

Filmkloster – Innenaufnahme – der junge Christoph,

immer noch an einem Tisch mit dem Zirkel in der Wand, schaut mit einem »Wie-geht-das-nochmal« – Ausdruck im Gesicht hoch. Erstaunen und Entzücken beim Bruder (dadurch angezeigt, daß er die Augen aufreißt wie ein Ochsenfrosch.

All das zeigt Lernen, Fortschritt, Eifer. Die Brüder sind von dem Jungen begeistert.

»... Nach sieben Jahren Studium kommt Christoph zu der festen Überzeugung, daß die Erde rund ist.«

Film.

Christoph – mit seinem Globus – springt vom Tisch auf – er läßt die Finger immer wieder um den Globus kreisen – das zeigt die Freude des Entdeckens – setzt sich an den Tisch und zeichnet mit seinem Zirkel heftig Kreise.

Er wird ausgeblendet.

»... durch die Entdeckung vom Feuereifer gepackt, macht sich Kolumbus vom Kloster aus auf den Weg.«

Augenblick. Das ist ein bißchen schwierig.

Feurig. Wie können wir Christoph vom Feuereifer gepackt zeigen?

Können wir nicht. Mag sein, daß er gefeuert wird, wenn der Film nichts wird, aber das müssen wir im Moment rauslassen.

»Er macht sich auf den Weg.«

Dafür nur eine Sekunde.

Klostertür (doppelte Pappe mit Eisenkreuz darüber) – Christoph geht weg – trägt einen Mantelsack, um Entfernung anzudeuten. Fra Giacomo segnet ihn.

Ausblenden.

»... Achtzehn Jahre lang reiste Kolumbus zu Fuß durch die Welt und bot seine Entdeckung an den europäischen Höfen an. Umsonst, obwohl er nichts außer einer Flotte, zweihundert Männern und Vorräte für zwei Jahre verlangte.«

Jeden, der nicht an Drehbücher gewöhnt ist, stellt dies vor große Probleme. Achtzehn Jahre scheinen schwer auf die Leinwand zu bannen zu sein. In Wirklichkeit ist dies genau die Stelle, wo der trainierte Kinomann seine Chance sieht. Hier kann er alles, was er mag, einfügen, all seine Lieblingsfilmszenen in leicht mittelalterlicher Form.

So haben wir zum Beispiel zuerst die gute alte Szene »mitternächtliches Speisen im Cabaret« – dünn kaschiert als der Hof des Königs von Sardinien. Um das Cabaret in einen königlichen Hof zu verwandeln, müssen die Statisten einfach ihre Fifth-Avenue-Abendgarderobe gegen kurze Mäntel und Kniebundhosen eintauschen, letztere sind stark wattiert und ausgestopft. Außerdem tragen alle große Perücken. Ausgestopfte Hosen und Perücken bedeuten Höflinge. Höflinge von irgendwem, Karl dem Großen, Königin Elizabeth I, Peter dem Großen, Louis XIV., die Höflinge von allen, die je welche hatten.

Genauso wie Männer mit nackten Beinen Römer sind, Männer in Matrosenjacken Detektive, und junge betrunkene Männer in Abendkleidung Harvardstudenten.

Die Damen am Hofe von Sardinien tragen große Papierkrausen um den Hals. Ansonsten handelt es sich um die übliche Cabaretszene mit den bekannten kleinen Tischen, den Leuten, die wie verrückt in einer Ecke spielen, und schwarzem Sarsaparilla, der schäumend in Gläser gegossen wird.

In dieser Szene bewegt sich Kolombus auf und ab, dreht seinen Globus und schaut bittend in die Gesichter. Alle lachen ihn aus. Seine Rolle ist genau die des armen kleinen Mädchens, das zu mitternächtlicher Stunde im Cabaret Veilchen verkauft.

Der Hof von Sardinien blendet aus und der Film zeigt, wie Kolumbus sich umsonst bemüht, von Lorenzo dem Herrlichen finanzielle Hilfe zu bekommen.

Augenblick, bitte.

LORENZO DER HERRLICHE – Mr. L. Evans

Auch diese Szene ist alt und vertraut. Es handelt sich um die wohlbekannte Innenaufnahme, die den hartherzigen Kapitalisten darstellt, oder den unbarmherzigen, der dem genialen Jungen, der einen Erbsenrechen erfunden hat, die finanzielle Hilfe versagt. Die einzige Veränderung hier: Lorenzo der Herrliche trägt eine große Perücke, hat kein Telefon und hantiert mit einer Schreibfeder herum (um Mittelalter anzudeuten), mit der kratzt er wütend auf einem Stück Pergament hin und her.

Mit Szenen dieser Art haben sich die achtzehn Jahre als der einfachste Teil der ganzen Vorführung herausgestellt.

Aber wir wollen noch einmal ins Buch sehen.

»...Nach achtzehn Jahren wird Kolumbus, der mittlerweile die besten Jahre seines Lebens hinter sich hat, am Hofe von Isabella von Spanien vorgestellt.«

Einen ganz kurzen Moment.

KÖNIGIN ISABELLA – Miß Janet Briggs

Möglicherweise kommt es an dieser Stelle auf den hinteren Rängen zu einem leichten Applaus. Miß Briggs war letzte Woche hier, das heißt, ihr Astralleib war hier als Maggie von der Viehweide. Der Eindruck, den sie in dieser Rolle machte, wird auch auf Isabella übertragen.

»Die Königin und ihr Gemahl, König Ferdinand von Aragon...«

Halt, zeigt ihn im Film!

FERDINAND VON ARAGON – Mr. Eduard Giles

(große Perücke, flache Samtmütze und breiter Schnurrbart – gleiches Make up wie für Ferdinand von Bulgarien, Ferdinand von Böhmen oder irgendeinen der Ferdinande).

»... wurden sofort von Enthusiasmus für die wunderbare Entdekkung des genuanischen Abenteurers ergriffen.«

Film.

Kolumbus übergibt Isabella seinen Globus und Ferdinand seinen Zirkel. Sie zeigen Entzücken und Erstaunen. Die Königin dreht den Globus immer wieder und hält ihn Ferdinand hin. Beide zeigen auf ihren Gesichtern den »Wie-geht-das-nochmal« – Ausdruck. Ferdinand macht mit dem Zirkel einen Kreis auf einem Tisch – die Höflinge, – wankelmütige Gestalten – drängen sich um den Tisch herum. Sie sind so angezogen, wie das in Sardinien vor achtzehn Jahren üblich war. In der Tat erkennt man eine Menge von ihnen wieder. Als Ferdinand den Kreis zeichnet, weichen sie in wildem Erstaunen zurück und gestikulieren heftig. Was sie meinen, ist: »Es ist ein Kreis, es ist ein Kreis.«

»König und Königin stellen Kolumbus sofort drei Schiffe zur Verfügung.«

Weiter mit dem Film.

Das Hafenbecken des Hafens von Palos.

Schiffe hüpfen auf den Wellen auf und nieder (in Wirklichkeit sind es die Austernfischerboote in der Bucht von Baltimore, aber es sieht so aus wie Palos, oder wenigstens so ähnlich).

Man beachte Königin Isabella zur Rechten, oben auf einer Treppe. Sie streckt eine Hand aus und schaut auf Kolumbus. Ihre Geste bedeutet: »Such dir ein Schiff aus, irgendeins, das dir gefällt. Irgendeine Farbe.« So, als würde sie sagen: »Zieh eine Karte, irgendeine, welche auch immer.«

Wir wenden uns wieder der Geschichte zu.

»... Christoph Kolumbus ist nun am Ziel seiner Wünsche angekommen. Er bricht zu seiner denkwürdigen Reise auf und wird dabei von hundert Kameraden in drei Karavellen begleitet, der Pinta, der Niña und der Espiritu Santo.«

Ah, hier haben wir echte Kinoarbeit.

Pappkaravellen werden auf schwarzem Wasser hin und hergeworfen. – Zuerst sieht man sie rechts, nah – man ist fast an Bord. Man beachte die Filmseeleute mit schwarzen Schnurrbärten und nackten Füßen (nackte Füße in Filmen deuten immer auf Seemann hin, schwarzer Schnurrbart auf Spanier).

Nun sehen wir die Karavelle ein bißchen weiter draußen – hoppla! Wie sie auf und nieder schaukelt! Sie kriegt einen Stoß – hubs – (er wird maschinell gemacht), um Gefahr anzuzeigen. Da sind alle drei Karavellen. – Hoppla, hopplahopp. Man beachte, wie sie hoch und nieder gehen, das wird tatsächlich eine stürmische Nacht!

Sehen Sie, wie die Sonne im Westen über dem Wasser untergeht? Gute Nacht, Kolumbus. Paß gut auf dich auf, da draußen in der Finsternis.

»Während der Reise blieb Kolumbus ständig an Deck. Er schlief im Bug, sein Gesicht der Neuen Welt zugewandt. In seinen Träumen sah er schon die Erfüllung seiner Hoffnung.«

Weiter geht der Film.

Christoph im Bug der Karavelle (im Film wird ein Bug durch zwei aneinandergelehnte Schiffsgeländer gemacht, zwischen denen wird ein Bugspriet längs drübergelegt). Kolumbus wacht, starrt in die Dunkelheit, seine Hand über den Augenbrauen – den Blick fest voraus. Sehe ich Amerika? Nein. Er legt sich hin, schließt die Augen, fällt sofort in Filmschlaf. Sein Gesicht wird bei Musikuntermalung langsam ausgeblendet, was bedeutet, daß er zu träumen beginnt.

Dann erscheint auf der Leinwand die Ankündigung:

DER GEIST AMERIKAS – Miß E. Deckenson

Und da ist Miß Dickenson, die in der Luft über Kolumbus herumschwebt. Sie trägt nichts außer Moskitonetzen. Aber davon trägt sie genug, um an der Zensur des Staates New York vorbeizukommen.

Soeben genug, offenbar.

Jetzt kommen viele Miß E. Dickensons dazu, alle in weißen Moskitonetzen. Sie vollführen eine Reihe wunderschöner Bewegungen und schweben über der schlafenden Gestalt von Kolumbus.

Ihr Tanz soll typisieren, oder vielmehr bedeuten – eigentlich brauchen wir uns nicht darum zu kümmern, was er bedeutet.

Es ist eine Allegorie, in weißen Moskitonetzen aufgeführt. Das genügt normalerweise.

Kehren wir zum Buch zurück.

»Nach dreimonatiger sturmumtoster Reise...«

Augenblick, schalten wir den Film wieder ein und werfen die Karavellen hin und her.

»... während der die Vorräte auszugehen drohten...«

Das bitte auf die Leinwand bringen. Kolumbus ist von zehn Seeleuten umgeben und teilt eine Kartoffel auf.

»... erreichten die Karavellen sicher die schöne Insel San Salvador. Kolumbus trug die spanische Flagge und ging als erster an Land. Umgeben von einer Menge verwunderter Wilder warf er sich auf dem Strand nieder und küßte den Boden der Neuen Welt, die er entdeckt hatte...«

All das ist so einfach, daß es zu einfach ist. Es wird von selbst zum Film. Jeder, der mit Filmen vertraut ist, kann Kolumbus mit seiner Flagge sehen und sieht die Wilden um ihn herum auf und nieder springen.

Filmwilde sind fröhliche, glückliche Kreaturen, das sowieso. Und auf- und niederzuspringen ist zumeist ihre Methode, sich darzustellen. Man füge noch einen sandigen Palmenstrand dazu; Palmen, die sich deutlich im Wind bewegen (es ist immer windig im Film), und die Sache ist erledigt.

Wir brauchen nur noch eine Szene, um den Film fertigzustellen:

»Kolumbus, der nach Europa zurückgekehrt ist, um die von ihm entdeckte Welt den spanischen Herrschern zu Füßen zu legen, fiel kurz drauf beim Hof in Ungnade. Er starb arm und unbekannt, ein Opfer fürstlicher Undankbarkeit.«

Letzte Szene.

Kolumbus stirbt unter so drückenden Umständen, wie sie nur im Film vorkommen.

Dachkammer – Decke niedriger als jemals zuvor – ein Faltbett, eng genug, ihn umzubringen, wenn alles andere nicht dazu verhilft. – Teresa Colombo, seine alte Mutter, allein an seinem Bett – sie gibt ihm Medizin auf einem langen Löffel (dies zeigt, wenn alles andere versagt, daß der Mann krank ist) – er schüttelt den Kopf – streckt seine Hand aus und legt sie auf den kleinen Globus – greift schwach nach seinem Zirkel – schafft es nicht – rollt seine Augen und verbleicht.

Die Musik spielt leise, und die unerbittliche Filmrolle dreht sich weiter, wie das Rad des Lebens selbst, und sie kündigt an:

In diesem Theater
Nächste Woche
MAGGIE MAY
und
WALTER CURRAN
in
IST ES DAS WERT?

Und danach kann ich mir vorstellen, wie sich die Menge zerstreut und die nun gebildeten Kinder nach Hause gehen, und einer sagt, als er hereinkommt, »Mann, ich hab heute einen tollen Film in der Schule gesehen.«

»Ja?« sagt seine Mutter. »Und worum ging's?«

»Oh, das war über so einen Kerl, der durchs Cabaret zog und versuchte, eine Erfindung, die er gemacht hatte, zu verkaufen. Aber niemand wollte sie ansehen, bis ihm zum Schluß eine Frau drei Fischerboote gegeben hat, klar? Dann machten er und eine Menge andere Kerle sich daran, sie zu beladen, und dann sind sie über den Ozean gefahren.«

»Und wohin sind sie gefahren?«

»Afrika. Und er und die anderen Kerle hatten einen tollen Urlaub mit den Negern. Und er hätte fast seine Erfindung verkauft. Aber dann hat ihn eine alte Frau in einer Hütte allein erwischt, hat ihn vergiftet und ihm die Erfindung weggenommen.«

So, denke ich, würde der Film laufen. Wenn er fertig ist, muß ich Präsident Shurman, oder wer immer es ist, einladen, ihn sich anzusehen.